関西学院大学神学部ブックレット15

災害とキリスト教

第56回神学セミナー

関西学院大学神学部◉編
金菱 清、芦名定道、小田部進一、
日下部遺志、森分 望

キリスト新聞社

巻頭言

関西学院大学神学部ブックレットは、毎年二月に行われている「神学セミナー」の講演と礼拝を収録したものです。

この神学セミナーでは、神学的なテーマを扱って学ぶということよりも、現代において神学や教会が対峙している問題、また神学や教会自身が問われている問題を取り上げ、神学者だけではなくその問題の専門家にも話を聞き、対話をしつつ神学することを目指しています。また、教会の現場からの声も聞き、現場での具体的な神学の展開を目指すものでもあります。さらに、いったいそのテーマを礼拝としてどのように表現することができるのかを試みています。

神学部ブックレットの一つ一つのテーマの上に一つの組織だった神学があるわけではありません。一つの根本的な神学を啓発するためにセミナーを開催しているわけでもありません。むしろ、現代はそういう「the 神学」というものが崩れ去った時代であろうと思います。

かといって、もはや神学に希望がないわけではありません。むしろ神学部ブックレットの各号で扱われている課題やそれとの神学的対話が一つのタイルとなり、それが合わさってどのようなモザイク画ができ上がるのかが期待される時代なのではないでしょうか。

このような神学的な試みを、ブックレットというかたちで出版する機会を提供してくださったキリスト新聞社に感謝申し上げます。一人でも多くの方が私たちの取り組みを共有してくださり、今日における神学、教会、宣教の課題を多様な視点から共に考えていただき、新しい神学の絵を描く作業に加わっていただければ幸いです。

関西学院大学神学部

目次

主題講演

呼び覚まされる霊性の震災学

3.11生と死のはざまで

金菱 清

金菱 清（かねびし・きよし）
1975 年大阪生まれ。関西学院大学大学院修了。博士（社会学）。災害社会学。編著『3.11 慟哭の記録』（新曜社、出版梓会新聞学芸文化賞受賞）。2013 年文藝春秋「識者が選んだ 108 人（今後 10 年間に世界的な活躍を期待できる逸材）」。編著『呼び覚まされる霊性の震災学』（新曜社）。2019 年第 9 回社会調査協会賞。2019 年より放送大学客員教授『災害社会学』。

根源的な問い

私自身が根源的な問いとして、「果たして私の愛する人は本当に逝ってしまったのか、亡くなってしまったのか」ということに向き合ってきました。これは、阪神淡路大震災にはなかったケースになりますが、津波の行方不明者の数がこれだけ多いと、いったいその死をどこの定点として考えればいいのかなということになります。つまり、肉体の滅却を確認できない以上、一般的な日本人とすれば、その魂をどういうふうに考えればいいのかという話にもつながります。

行方不明の当事者の人達は次にように言われます。「自分がこれから自殺するとあの世で息子と暮らせないから、誰か崖から突き落として殺してくれないか」「今日は息子と母の一周忌法要、遺体すら見つからないのに一周忌法要をしなければいけなくて、正直今も戸惑って受け入れられない自分がいます」「もうすぐ六年か……実はいまだにあなたがもう帰ってこないってことが信じられない」というものになります。つまり、亡くなったということはどこかでわかっていますが、それを受け入れられない自分というものを知った時に、「果たして私の愛する人は本当に逝ってしまったのかどうか」ということがその人にとっての主題になります。

私自身は震災の極地の提示をしただけでありまして、その中からこのような形で今日は神学部というキリスト教のところに呼ばれたり、ある時は神戸の先端医療・救急医療センターから講演の依頼があったり、映画監督の人と対談をしたり、というようにどちらかと言えば学問を超えて、私の専門の社会学とは違う形での興味関心のもたれ方をしています。どうしてなのかというと、喫緊の課題というのをそれぞれの分野で抱えていて、その中でやはり問わなければいけない問題やヒントになるものが、おそらく、この震災の極地を示すことによって、何かそこで通じるものがあるように思えます。

例えば、「著作では、宗教者や宗教団体を調査するのではなくて、市井の人々の生活に肉薄することで宗教現象・死生観・死者儀礼が考察されている」と言われます。つまり私たちがその宗教の制度や団体を調査することはせず、死者との関係性の中であり方を問うことによって、逆に今まで何か閉じこもって考えていたことがそこからヒントを得るということがひょっとするとあったのかもしれません。

東日本大震災の中で自分のアプローチだけをその対象や現場の中で当てはめてしまうと捉えやすい。例えば社会学の場合であればどちらかといえば集合的なものを扱うということを得意にしているので、仮設住宅とか復興住宅とか行った時にアンケートを配って集約すると、それはそれでわかります。だけど、果たしてそれでいいのかどうか。現場で避難所とか仮設住宅から漏れ出ている人々がたくさんこのときに出ました。ではそこを扱わない社会学って一体何なのか。それは同様に心理学であれば心のケアとか臨床、宗教学であれば慰霊とか供養、民俗学であれば祭祀とか祭礼とかってことを得意としています。だけどそれだけで見てしまったら今回の一〇〇〇年ぶりの大災害というものを本当に捉えていることになるのかは疑問となります。

はじめの「果たして私の愛する人が本当に逝ってしまったのかどうか」という問いに対して、

私たちはどういうふうにこれに対して答えればいいのか。この死者に対してどう向き合って生きるのかということを私自身は大震災の現場から考えざるを得なかったということにもなります。

幽霊

幽霊の話をします。これは私の学生が一生懸命足で稼いで聞き取った内容になります（『呼び覚まされる霊性の震災学』新曜社）。それは石巻のタクシードライバーの事例になります。例えばＳＫさんという五六歳男性は、次のような内容になります。

震災から三カ月くらい経ったある日の深夜、石巻駅周辺で乗客を待っていた。初夏なのにもかかわらず、ファーのついたコートを着た三〇代くらいの女性が乗車してきた。目的地を訪ねると「南浜まで」と返答した。地域の名前ですね。不審に思って、「そこはもうほとんど更地になるんですけど、かまいませんか？　どうして南浜まで？　コートは暑くないですか？」というふうに尋ねたところ、「私は死んだのですか？」というふうに震えた声で答えてきたため、驚いたドライバーがえっと見ながら後部座席に目をやると、そこに誰も座っていなかったという話になります。

これは単に幽霊話、幽霊譚でありますが、これを聞いたり見た人はどこかリアリティを感じるものがあります。それにはいくつかの理由があります。タクシーという性格上、対象との具体的なコミュニケーションや会話とか接触が残っています。それからタクシーのメーターを切り実車になります。問題なのは、実車ということは、乗客として人間を乗せていますが、途中からいなくなります。じゃその間のタクシー料金を誰が払うのか。どのドライバーも一緒で、運転手自身がその運賃を肩代わりしているということがわかってきました。先ほどのタクシードライバーは「もちろん最初はただただ怖くてしばらくその場から動けなかった。でもね、今となっては別に不思議なことじゃないな。東日本大震災でたくさんの人が亡くなったじゃない？ この世に未練がある人だって当然だもの。乗客というものはきっと幽霊だったんだろうな。今はもう恐怖心なんてものはないね。また同じように季節外れの冬服を着た人がタクシーを待っていることがあったら乗せるし、普通のお客さんと同じ扱いをするよ」と言っています。

ここから私どもが考えなければいけないことは、この幽霊に対する意味づけになります。これはどのタクシードライバーにとっても、別に否定的に考えてなくて、どちらかといえば好意的あるいは肯定的に考えていて、当初こんなことはあり得ないというふうに怯えていた彼らも「震災もあったし、おかしくないな」という形で、例えば幽霊を呼ぶのではないということで怒られています。つまり、畏敬の念をどこかで持っていて、尊敬の眼差しを幽霊に対して持っています。なぜ自分たち自身のところに来たのかという理由を彼らは知りたいが、そういう無念の思いを持って直接行き先を言えるような媒体であるタクシーを選んでいるのではないかと、言っています。どのドライバーも同僚にも言ってないし、家族にも言っていません。つまり、彼ら自身が匿名を条件に、話者つまり学生に対して話されたことで、ものすごく大切にします。嘘だと周りから言われて、「彼ら」と表現しますが、霊魂の存在を否定されてしまうからということになります。

そうすると、私たちの持っている幽霊というか、「うらめしや」みたいなものの祟りや恨みを持ったということではなくなります。どちらかといえば、静寂な気持ちで胸の気持ちを救い取ってもらえるような、東北的に言うとその「イタコ」的な存在として、幽霊を捉えているということがわかってきます。

行方不明の問題

ここから考えていくのは、私の愛する人は本当に亡くなってしまったのかということになりますが、行方不明者の問題に関係します。どういうふうに考えればいいのか。生者でもないし、帰ってこないので、でも亡くなったという証拠を私たちの目の前で確認していることもできません。骨一つ見つかっていないということで、死者でもありません。つまり、この生者と死者の中間項はものすごく開いているということになります。この開いているということが私たちにとって、ものすごく重要なヒントを与えてくれています。家族療法家のポーリーン・ボスは、私たちが亡くなってお葬式をして火葬をしてお墓に入れるプロセスがあり、これを「明確な喪失」と呼んでいます。

それに対して、行方不明の問題は「あいまいな喪失」という言葉を使って、戦争とか災害とか飛行機事故のように、いわゆる遺体が戻ってこないところにどういうふうな喪失を考えようかというと、その「明確な喪失」に対してあいまいで、死の定点は、どれだけ自分自身で探ったとしても定まらないような状態ですね。それを彼女は「あいまいな喪失」という言葉で表現しています。仏教的な話で恐縮ですが、これは考えてみると例えば悪霊とか憑依とか幽霊に関しても一般的なイメージがあります。祟りとか穢れとか不浄仏があって、宗教的な権能を表せます。供養したり、祀りをしたり払ったりすることで、不浄仏を清めるみたいな動きがあります。

ところが、タクシーの事例は一体どういうことになっているのかということを私たちに伝えています。つまり、ここが私たちが捉えなければいけない、生ける死者つまり霊性なのです。タクシードライバーが言っていました、もう一度乗客を乗せるといったとはどういうことか？ 手を合わせて、もう二度と出てくれるなと思って供養しているということではないということになります。「死者」ということが供養なり、祀りなり、祈りなりということで手を合わせるようなことでは必ずしもしていません。当時としては、この「あいまいな喪失」っていうものは縮減すればよいと考えていて、筆者もそちらの方にいました。でもタクシードライバーの人たちが捉えている方はむしろこのあいまいなままでいいんじゃないのっていうことを伝えています。つまり被災者にとってはこちらかあちら側の選択は安心できる安寧できるものではなくて、苦痛な人もいるということを前提にしています。

例えば皆さんパソコンも使ったりすると思いますが、パソコンの中はどうなっていますか？ここではデスクトップを引き合いに出していますが、私のデスクトップはもう一杯で昨日整理していたわけですが、散逸しています。これはどういうことかというと、めちゃくちゃ整理されていればフォルダーに落としたり、あるいは入らなければゴミ箱に処理します。だけど私たちはどうなっているかというとデスクトップにベタベタって貼っています。とりあえず今は整理できないけども、大切なものって皆さんありますよね。それはどうしているかというと仮預けみたいな形でペタペタってデスクトップに貼っています。

周りの人から「あなたこれだけいっぱいあるので、もう捨ててください、整理してください」って言われると腹が立ちます。それって被災者の人たちも同じで「二年経ったから終わりでしょう、五年経ったからもう忘れなさい」ではなく、それは当事者自身、本人が決めればいい話で、これっていうのはユーザー自身が決める、当事者主権の在り方であります。これは幽霊の問題にもつながってきます。あいまいなものはすぐ処理できない私たちの日常生活を過ごしていて、それを考えるってことはあいまいなものをそのまま保っておいていいのではないかということを伝えています。彼岸か此岸かという分け方自体が当事者にとっては苦痛なこともあることを私たちの日常生活でも確認できます。それっていうのは「仮預けの領域」みたいものの重要性を語っているのではないかなというふうにも思います。

亡き人への手紙

幽霊譚の死者の話が出てきたので、亡くなった人に対して手紙を綴るというプロジェクトを立ち上げました。これも当事者の人に書いてもらった内容になります。キリスト教の関係者で私の知り合いの方は名古屋から引っ越してきて、二日後に震災にあった手記になります。これは亡くなった人に対してではなくて、神様に対しての手紙になります。少しだけ、短くご紹介します。

「天の父なる神様、初めて『あなた』に手紙を書きます。私は一一年三月九日に名古屋から仙台に引っ越してきました。私にとってあなたは愛なる神であり、いつも一緒にいて、私を励ましてくれるそんな存在であると思っていました。それなのに『あの日』引越しを終えたマンションの八階で妻と二人で荷解きをしているときに、突然、ものすごい勢いで部屋が揺れ、食器棚が倒れ、テレビが飛んできて、何もかもがめちゃくちゃになったのです。何よりも私の『あなた』に対するキリスト教信仰もめちゃくちゃになりました。その時から『あなた』の存在が見えなくなり、『あなた』の愛がわからなくなってしまったのです。頭では理解しようとしても、心や霊では理解できないのです。あるいは、『あなた』の存在を認めたとしても、『あなた』を愛しているのではなく、『あなた』を憎んでしまうのです。そんな私にある人が言うかもしれません。『大澤さんの信仰はそんなものだったのですか？』とか、あるいは『私はあなたよりももっと苦しいことを経験しましたけども、それを信仰で乗り越えてきました』とか。そんなことは私にはどうでもいいのです。他人の信仰や他人の不幸自慢の話はもうたくさんです。これは私と『あなた（神）』の関係性の問題なのですから」（『悲愛』）という形で綴っておられます。

沈黙のような形として、神様は見えませんが、神様に裏切られ続けることに対する関係性の告白になります。当事者と故人の、この場合は神様との仲になりますが、そのつながりにはおそらく到達できていません。そう考えると、あなたにもわからないし、理解されないというのは手紙で初めて告白されます。インタビューと違って、手紙を読んでいくと、この神様に対する手紙も、手紙の当事者はとっても弱々しい、つまりものすごく錯綜したりして一貫性もありません。手紙を書くということは、亡くなった人であったり、神様だったり、そういう呼びかけの言葉であるけども、それというのは目に見えないが故に、全部自分に跳ね返ってくる言葉になります。

手紙をまったく知らないけれども、魂を揺さぶられるような経験をその手紙によってすることもあります。手紙を書けない、書ける人はもちろん強い人になりますが、もう書けなくなってくるというケースもあります。そこを考えなければいけないなと思っています。依頼したある人には一つ返事で手紙を書きますよって言われましたが、少し待っても何カ月になっても全然出てこず、どうなっているのですかね？　みたいな感じでインタビューをしました。そうすると私は書きたいんだけど、だんだん書けなくなってきたというお話をされます。どうしてなのかというと、その人は六歳の娘さんを亡くしたお母さんなのですが、毎年三・一一のときに曹洞宗のお寺の中で紙に手紙を綴って、それをお寺の人が天国にお焚き上げをして、言葉を送るということに参加されていました。

一、二年のうちは、その愛娘に対する思いを辛いながらも、涙を流しながら書けていましたが、四、五年経つうちに書けなくなりました。普通逆になります。つまり、年限がたつと心が楽になると思いますが、一、二年のうちは良くて、四、五年経つと心が重たくなるってことはどういうことなのかなってことで聞きますと、もし五年後、六年後ならば漢字を書ける年齢に到達しますが、そのお母さんが手紙を書こうとするとそれを平仮名で書いていいのか、漢字で書いていいのか、そこから迷って書けない、というふうになります。これは深刻で、どちらの娘に向き合えばいいのかということが、二重になっていて、五歳の娘に向かって、話しかけるか、もう六年たったから一一歳の成長している娘に書いているのか、そこから迷って、手紙を書けなくなったという話になります。

夢の話

次に、夢の話に移りたいと思います。震災当初、私は夢の話を語るとは思ってもいませんでした。もちろん、心理学者であるならば、ユングとかフロイトとかの話で、そこが対象になってくるかなと思いますが。どうして夢の話が、幽霊につながってくるのかについて考えなければいけなかったのかと言いますと、初めは記録としてあって、死者の話がどうしても入ざるを得なくて、亡き人への手紙の形で移ってきました。社会学の中でいうと一般的な夢理解というものは非現実的で、幽霊もそうなりますが、取るに足らないことであります。つまり、それは社会学の射程の枠外になります。

ところが、手紙の中に多くの夢の話が出てきます。手紙っていうのは先ほどご紹介したように亡き人へ多く宛てていまして、自分自身が伝えたくて、伝えたくて仕方ないものが投影されています。そこに夢が入っているとは、一体どういうことなのかということを私自身は考えざるを得ませんでした。つまり、亡き人に伝えたい大切なものがあって、その人を現実として構成しているとしているならば、そこを何か考えない手はありません。これは社会学の射程の中に入ってくると取り組み始めました。ゼミ生達とずっと夢の記録を集めました。当初、学生たちは夢の話を聞かせてくださいって、いきなり現場にほうりこまれます。震災の話から入って、ようやく夢の話になると「私夢を見ないね」って言われて全部ダメになったりするケースもあり、この一年間の中で集めましたが苦労しました。

ここでは心理学の用語による理解を排除しました。露骨に学生が言われたのは、私たちの心理学の研究とか分析されるのであれば応じないという方もいらして、それだけ実験材料にされたり研究材料にされたりするということへの拒否感みたいなものを当事者の人から受け取ることができました。

夢の中身を追ってみると、ものすごくリアルで、例えば「繁さんと宏美さんは、指切りをしている。『何もしてあげられないよ』『でも信頼してる』『急がないからね』『待ってる』」みたいな会話があります。皆さんも、夢を見ない人は多分いないと思いますが、その夢の中身は起きてみると何かぼんやりしているし、もう忘れている内容というのが結構あります。しかし、被災者の見る夢というのはリアルで、指切りをした手の感触も忘れていないし、娘さんにキスをされますが、その感覚の体温まで残っている方もいらっしゃいます。この方は夢日記をずっとつけてらっしゃる方で、とても大切なことだから夢の記録をつけています。

人々の夢から立ち現れてきた事象は、何か枠組みがあってそれを分析したのではなく、その人たちが見た夢っていうものをボトムアップで考えてみると、例えば明晰夢、亡き人たちに触れたりします。カラフルな色や匂いがある明晰夢であったり、一〇〇回も「逃げて」みたいな感じで言えたような反復夢、仮設住宅では階段がないが、階段を上がるという夢を見て、それをあの人は成仏したというような夢だったり、今も見守っていて生き続けているというソウルメイトであったり、あるいは予知夢ですね。東日本大震災前から夢を見ていて、それが震災の津波の跡と、きっちり同じであったりするというような夢であったり、同床異夢はありますが、家族の中でも当然違う夢が、朝起きてみると娘の夢を見た、違う家族が私も見たと違うという形でベッドの中で同じ夢を見るという異床同夢や、そこから何らかのメッセージを持っているという啓示というものがあるということが明らかになってきました。

時間の問い

ここから幽霊にもつながってくる話が、果たしてこの生ける死者の住まう時間というものについて、過去、現在、未来という形で私たちは今を生きていて、生きられた死者というものは果たして過去の時間なのか、ということを考えなくてはいけなくなりました。ある人にとってみれば、これは六年経ったクリスマスの日に、小学校の時に亡くなりましたが、夢を見ると、背がすらっと伸びて中学校のような格好で出てきて、たまたま二五日だったので、クリスマスプレゼントをありがとうみたいな形の応答をしています。

夢の系譜学を追ってみると、例えば平安時代というのは、光源氏の物語も、夢を見させるのは魂は外からやってきて個体に棲みこむものではなくて、全体から付与されたという理解があります。魂は必ずしも滅びないという考え方があります。また、鎌倉時代は、今とわりと災害的に似通っていて飢饉とか地震とか水害がたびたびあった時代になります。その時に災異改元で、災害があるたびに、平成から令和になりましたが前の天皇が今、発言をしていませんけども、奥底では僕はそうだというふうに少し思っています。

つまり元号を変えることによって意味づけを変えて、平和の願いをそこに込めます。その中でも夢で冥慮（あの世）から何かお告げを請うことで、人々が救われました。いわば災害社会での緊張感や、不安感を夢の信仰によって克服されたということで、生き残った人の罪意識や今後の不安の救済みたいなところがつながってくる意味で夢の重要性として語っています。

私は、アリス的時間というか、不思議の国のアリスってイギリスの有名な物語があります。この中の世界というのは、鏡の国のアリスと考えると、不思議というか、普通の日常世界というのは、過去、現在、未来として時間軸がずっと進みます。つまりコップを落としたら割れるというのは、不可逆で戻りません。けれども鏡の世界っていうのはちょうどここの時計が進んでいくのに逆戻りしているのと同じように、未来が現在、現在が過去に戻っていくという経験の中で、コップが割れたのに落ちるみたいな原因と結果の反転をしていきます。

その時間の流れが逆行した世界を生きるということが、夢の世界ではあり得ますが、ここから上がってきた当事者の夢の話をやっているとどういう意味があるのかなってことを考えると、「未来を記憶する力」で先程のすらっと背が伸びたというのも、あるいは過去というものを「現在進行形に変える力」があり、今も助けてくれたり、生き続けたりしてくれるよっていう話になります。特に遺族の人たちは、例えば震災から何年みたいなかたちで、もう忘れなさいみたいな、孤立無援みたいになっていますが、夢によって初めて支えられているみたいなのがあって、世間的にはもう全然支えがありませんが、夢の中によって支えられて支援されているみたいものがあって、それを孤立「夢」援と呼んでいます。

また、夢の中には「タイムマシン的な時間」というものがありまして、いつでもそこに行けるというか、過去、現在、未来みたいな感じで、飛べるみたいなところがあります。ある人にとってみれば、地震のときそこにいませんが、お父さん、お母さんと車椅子で逃げてと言って、知っているのは自分だけで、誰も危機が迫ってない中で、タイムマシンがあったら助かる人がたくさんいるのにというかたちの関わり方をします。

夢というものは面白くて、過去の仮定法未来というのはありません。つまり、時間を全部同一な基盤におきます。過去も現在も未来もなくて、それは現在の中で全体験されることなので、夢の世界でも、現在のこととして知覚され体験されると研究者は言います。これは意味があって、現実の世界では、もしもというifの世界になります。もしも私が助けていたならば、声をかけていたならば、この人は生きていたのに、でも現実は死んでいるという形での往復運動で疲弊して、無間地獄に陥っています。

つまり今生きていた可能性と、現実はいやそうではない、いやこうだみたいな感じでぐるぐる回っているような連鎖があります。死を受け入れられない遺族と浮かばれない魂が、連鎖していますが、夢の世界っていうのはそうじゃなくて現実も過去も同時期に立てるみたいなところがあります。

現実的には被災者はifの世界で生きざるをえず、過去において亡くなっているので、それは悔恨でしかない。現在はその人が亡くなっているので喪失でしかない。未来はその人が成長せずに停滞しています。だけど夢の世界では過去に対してその死者を救出し、現在に対しては、何か助けてもらうという意味で共存し、未来に対しては成長しているというような、死者を生きたものとして加える仕掛けみたいなものが夢の世界にはあるではないかと思っています。

死者が消された復興

復興のことについて、我々の時間の前提とすれば、現在に生きていて、過去、現在、未来に関して突き進みます。現場ではどういうふうな形で死者が葬り去られているのか少しお話ししますと、例えば先ほどの小学校で亡くなった息子さんがいらっしゃいますが、小学校のホームページから亡くなった息子さんの画像が突如削除されて、泣きながらどうしてなんですかって、息子がこの学校からいなかったことにされたんですかと尋ねます。まあひどい話で、亡くなった子が写っている画像は削除しろと教育委員会から通達があったという回答を聞いて、過呼吸を起こしてショック状態に陥ります。

つまり、生きた証すら抹消されて最初からいなかったように扱われます。それはどんなに辛かったことかなというふうに想像をしますが、これは夢の話になると、亡くなった人との時間という前提を越えた関係になります。故人との関係をリニューアルできるという意味で更新しつつ、コミュニケーションできるっていう意味で交信でもあります。この前提となるような復興のあり方の時間の相対化を夢の中で、当事者自身が受け取っているということにもなります。

これまで、夢と幽霊は全然関係がないものかなと思っていましたが、よくよく考えてみると、古典芸能の能楽に、夢幻能という世界があります。この世界に災害は近いのではないかと思います。もちろんこの頃も鎌倉で同じようなことを指しているという推測はできますが、能楽には、脇役のワキとシテという役割があります。その脇役っていうのは生者の世界になります。シテというのは幽霊の世界なので死者の世界になります。ワキの人間が初め出てきて、この花の由来は何なのかなっていうところで幽霊が出てきます。これはタクシードライバーと一緒で、幽霊は最初幽霊ではなくて、人間として出てきます。この花の由来はという形で、源平合戦みたいな感じで、過去にずっと誘ってくれます。

そうするとこの世界が面白いのは、ワキの世界は、過去、現在、未来に進んでいきますが、シテの世界は、未来、現在、過去にどんどん巻き込まれて戻っていきます。でも能楽の言葉で、「今は昔」という言葉を使います。今と昔が混在するって一体どういうことなのかっていうのは、まさにそのシテの世界とワキの世界が混在していくということになります。これは異界の世界で出会うことで、人がもう一度新たに生き直すことができるんだ、能楽の世界では、初め幽霊で出てきますが、一度舞台の袖に入って、もう一度出てくるときは能面の仮面を被って、それは夢の世界で幽霊が出てきます。つまり夢と幽霊というのは、わりと一体になって出てくるというような形になります。それはやっぱり混在させるための技法だということになります。ワキの順行する時間と、シテの遡行する時間が交差して、ある種の永遠の世界っていうのを実感するために能楽の世界を考えたのではないかというふうにも思えてきます。

するとタクシードライバーが手を合わせて祈らないという事例もそうなりますが、生者でもない死者でもない世界っていうところの重要性であったり、夢の中の死者ということをどういう風に考えるのかということをみていきますと、いつかどこかではなくて、今この時の現在進行形で起こるような永遠性を人々は求めていて、それというのは時間観念をものすごく揺るがせていくことになります。「私死んだのですか」っていう風に、タクシードライバーの人に対して幽霊本人が告白をするのは衝撃的なことになります。

緩やかな死

時間の観念を飛び越えてきて、現在進行形として私たち自身の時間軸にものすごく食い込んでいるという形になります。それは亡くなったら彼岸にすぐに行くということではなくて、緩やかな死を追求していて、自分自身が納得いくときにあちらの世界へ行ってもいいよってことを示していて、即座の死の追慕の観念や時間軸のところで私たち自身が考えているのではなくて、その人たち自身の当事者のあり方によって、緩やかな死でもよく、行方不明な死の定点がわからないがゆえに、自分たち自身が送り出す時期を自ら考えることができるようになっているのではないかと言えます。

批評家の若松英輔さんは、「死者をめぐる悲しみっていうのは生者の感情の起伏ではありません。死者が生者の魂に触れる合図です。悲しみはこんなにもみじめで慰めのない救いのないものにしてしまったことも現代の大きな誤りであります。死者ともにあるということは、思い出を忘れないよう毎日を過ごすのではなくて、むしろ、その人物と共に今を生きるということではないか。新しい歴史を積み重ねることではないだろうか。死者は肉眼で見ることができない。だが見えないことが実在を一層強く、私たちに感じさせる」ということを述べています。言葉で綴るということはカッコつきの死者、生ける死者との応答の場の創出ではないかなというふうにも思っています。

参考文献

ポーリン・ボス，2005，『「さよなら」のない別れ　別れのない「さようなら」――あいまいな喪失』（南山浩二訳）学文社
池上良正，2003，『死者の救済史――供養と憑依の宗教学』角川選書
金菱清編，2012，『3.11 慟哭の記録――七一人が体感した大津波・原発・巨大地震』新曜社
金菱清編，2016，『呼び覚まされる霊性の震災学―― 3.11 生と死のはざまで』新曜社
金菱清編，2017，『悲愛――あの日のあなたへ手紙を綴る』新曜社
金菱清編，2018，『私の夢まで、会いに来てくれた―― 3.11 亡き人とのそれから』朝日新聞出版
木村朗子，2018，『その後の震災後文学論』青土社
工藤優花，2016，「死者たちが通う街――タクシードライバーの幽霊現象」『呼び覚まされる霊性の震災学

──3.11 生と死のはざまで』新曜社：1-23
内田樹，2004,『死と身体──コミュニケーションの磁場』医学書院
若松英輔，2012a,『死者との対話』トランスビュー
若松英輔，2012b,『魂にふれる──大震災と生きている死者』トランスビュー
渡辺恒夫，2010,『人はなぜ夢を見るのか──夢科学四千年の問いと答え』化学同人
安田登，2011,『異界を旅する能』ちくま文庫

神学講演

現代世界における災害の形

環境危機に直面して

芦名定道

芦名定道（あしな・さだみち）
1956 年、山形県新庄市生まれ。京都大学博士（文学）。大阪市立大学、京都大学（大学院文学研究科・キリスト教学担当）を経て、現在、関西学院大学神学部・教授。著書、『ティリッヒと現代宗教論』（1994 年、北樹出版）、『自然神学再考』（2007 年、晃洋書房）、『現代神学の冒険　新しい海図を求めて』（2020 年、新教出版社）など。

午前の神学講演を担当する芦名定道です。二〇二一年四月から関西学院大学神学部でお世話になっています。よろしく、お願いいたします。(1)

本日は「災害とキリスト教」という全体テーマの下で、「現代世界における災害の形」という題でお話しいたします。私の専門はキリスト教思想で、今日も現代思想や哲学の議論に言及しますが、できるだけ具体的に話を展開し、最終的には日本のキリスト教に繋ぎたいと考えています。

これからの話は、「一 はじめに」に続いて、「二 リスクから見た人類史」、「三 環境リスクと人間の責任」、「四 むすび」と進みますが、神学講演という点では、「三」が中心になります。配布済みの資料あるいはスクリーンのスライドを見ながらお聞きください。では、まず問題設定からはじめます。

一　はじめに

現代社会はリスク社会である

現代世界、とくに現代日本はさまざまな災害に直面しています。環境危機、異常気象、プラスチック・ゴミ、地震・津波……などなど。そして、その背後には、世界的な人口増加、先進国を中心に進展する高齢化、そして戦争が控えています。この錯綜した問題状況を整理するために、この講演では、「リスク」という概念を導入します。つまり、災害をリスクと解釈するわけですが、それによって、本日の講演の問題設定は、「現代社会はリスク社会である」ということになります。「わたしたちは、リスク社会に生きている」ことがこれからの議論の出発点になりますが、そのために、まず、U・ベックとA・ギデンズのリスク社会論を参照することによって、「リスク」の意味について簡単に説明しておきたいと思います。(2)

「二十世紀の経済発展は、十七世紀から十八世紀にかけて、近代西欧ではぐくまれた科学、技術、そして合理的思考によってもたらされた」（ギデンズ、二〇〇一、二）。しかし、「科学技術の進歩をはじめ、人生をより確かで予測可能とするはずの諸力のいくつかが、ときおり、まったく逆の効果を発揮するようにさえなった」（同、四）。

「リスクに対処するには、科学技術の役割が欠かせない。しかしながら、リスクを生じさせた元凶こそが、科学技術なのである」（同、五）。

リスクとリスクヘッジ

このギデンズのリスク社会の議論から、次のポイントを取り出すことができます。まず、リスクと近代文明との関係です。人類は直面するさまざまなリスクを乗り越えるために継続的に努力を行ってきましたが、近代とは、その努力が科学技術の進展という形で現れた時代と言うことができます。たとえば近代医療の普及によって、それまでは致命的であった病のいくつかは克服され、平均寿命は飛躍的に伸びました。しかし、一九八〇年代以降、現代の世界状況は、この近代のもたらした成果が、近代文明では制御できない新しいリスクをもたらしたことを示しています。

たとえば、抗生物質が効かない耐性菌の登場と、院内感染の危険です[3]。

ここで、これまで漠然とした仕方で使ってきた「リスク」という言葉についてもう少し説明を加えておきたいと思います。現代のリスク社会学におけるリスクとは、単なる危機・課題ということではなく、この直面する危機・課題を数値化して確率的に捉え、行動の指針とするという発想に基づいています。それは「科学的」に裏付けられた予知に基づく意志決定であり、それによって、リスクを計算予測し危機を乗り越える・対処すること（＝リスクヘッジ）が可能になります。

「リスクという概念は、近代化とともにあった。」「リスクとは、未来を調節したり制御したりすることにより、自由自在に操るための道具のひとつと考えられてきた」（同、五七）。

リスク予知の実例は、地震予知から、天気予報、そして流行の予測まで、多岐にわたります。地震予知は、「いつ、どこで、大きさ」を確率で示すのが通例です。「南海トラフ地震が、今後三〇年のうちに、マグニチュード八から九クラスの大地震として起こる確率は、八〇％」、などと。あるいは、「明日二月二二日の西宮市の降水確率は〇％」、二〇二二年二月一六日のバイデン米大統領の口調から「ウクライナにロシア軍が侵攻するリスクは一〇〇％」と推測される、など。こうした予知・予報に応じて、私たちは適切に行動できるというわけです。

「外部リスク」と「人工リスク」

このように、「リスク」という言葉は使用される範囲があまりにも広範であり、さらに整理を行うことが必要です。ギデンズが「外部リスク」と「人工リスク」を区別しているのを参考にして議論を進めることにします。まず、「外部リスク」とは、「伝統や自然に起因するリスク」、たとえば私たちが自然災害と考えるものを意味します。地震は外部リスクの典型です。それに対して、「人工リスク」は「外部世界に関する人間の知識が深化することにより生じるリスク」であり、外部リスクの克服をめざした近代の営みが生み出し近代文明では制御できない新しいリスクです。たとえば抗生物質に耐える耐性菌による院内感染のリスク、異常気象を含む環境リスク、「遺伝子組み換え作物が中長期的な健康障害をもたらす、というリスク」です。もちろん、この二種のリスクは、現実の災害ではしばしば複雑に絡み合って発生します。たとえば、東日本大震災と連動した福島原発事故ですが、この場合の原発事故のリスクでは、外部リスクと人工リスクが連動して生じる点が問題であり、この場合、災害リスクは天災と人災の複合という形態をとっていると言えるでしょう。(4)

二　リスクから見た人類史

では次に、この二種のリスクの区別を使って、感染症を例に、人類史(具体的にはキリスト教と関わりの深い西洋の歴史)におけるリスクの変容をたどってみましょう。これによって、現代世界における災害の形がより明確になると思います。

感染症の歴史

古代から中世あるいは宗教改革期にかけて、人類は外在リスクの圧倒的な脅威のもとにありました。人類は自然災害に対してまったく無力であり、感染症は天災として、危機が過ぎ去るのを待つことができるだけだったのです。人々ができたのは、感染症にかかった人をケアし、死者を丁寧に葬ることであり、また生き残った人たちの魂への配慮ということでした[5]。

しかし、宗教改革から近世の過程（一六世紀から一八世紀前半）を見ると、人類は繰り返されるペストなどの感染症に遭遇する中で、それに医学的に対処する経験知を蓄積してきていることがわかります[6]。都市封鎖や接触の回避、感染死亡者の埋葬の仕方、様々な消毒方法、治療薬と考えられる薬物の普及など――これらは古代からの経験知に基づいています――、ペストへの対応は、行政的な衛生政策の事柄となってきています。もちろん、これらは対処療法レベルのものであり、本格的な感染症医療の登場は近代を待つ必要がありました。しかし、近世における感染症への対応は人間の責任が問われ始める地点に到達していることに注目したいと思います。都市における感染症対策の失敗は、災害だからしかたがないで済まされるものではなく、行政機関の責任が問われることになります[7]。

近代になると、病原菌の発見（ペスト菌は一八九四年）やワクチンの開発（天然痘ワクチンは一七九六年）がなされ、感染症に対する人間の責任は飛躍的に増大します。これは外在リスクに対する近代的な科学技術による克服の努力の成果です。感染症との戦いは、現在のコロナ禍が示すようになおも継続中であるとはいえ、現代は、近代の延長線上で、感染症に対する責任ある自覚的な対応が求められる段階に至っているのです――国民一人ひとりに感染防止の責任ある行動が求められる――。感染症は、神の怒りの前で赦しを求め祈るという宗教的対応の事柄というよりも、宗教的対応を伴いつつも、基本的には医療的に対処すべきものと考えられていると言えるでしょう(8)。

災害と人間の責任、そして神への信頼

以上のように、災害に対してキリスト教に求められる対応は、人類史の中で時代によってそのあり方が大きく変化してきたわけですが、ここでキリスト教の観点から論点をまとめておきましょう。まず、キリスト教の対応の変化は、人間の責任の増大という方向を取りましたが、この責任には、批判的精神による検討と文明観の刷新が伴わねばなりません。コロナ禍への対応の責任は、公衆衛生の担当者らによる感染症対策について批判的に検討することを要求します。これはキリスト教にとっても無関係ではないでしょう。地の塩とはこの批判的精神と密接に関係しているからです。さらに考えれば、この批判的精神は、人間がなにを目指すのか、どんな社会を目指すのか、他者との共生をどのようにイメージするかをめぐる徹底的な議論と、それに基づく目指すべき文明理解の再構築（文明観の刷新）を必要としています。コロナ禍に即して言えば、アフターコロナ社会はゼロコロナとして構想されるのか、あるいはウィズコロナとしてなのかによっ

て、コロナ禍への対応の批判的検討のポイントは異なってくるはずです。

しかし、責任の増大がキリスト教の論じるべき論点のすべてであるかと言えば、それはキリスト教の災害対応のすべてではないことを強調しておかなければなりません。キリスト教的判断によれば、人間の責任の増大は災害への対応の一面にすぎず（＝責任性の一元論ではなく）、少なくとも終末以前の現在、人間が災害への対応責任を真に果たすには神への信頼が不可欠の前提となります。つまり、人間の責任は神への信頼に結びつけられねばならないということです。これは、キリスト教思想の古典的な問いである、神の恩恵と人間の自由意志との関係の問題と言うこともできるでしょう。

近代以降、人間の責任は増大し、それは私たち人類もはっきり自覚してきていますが、しかし同時に、災害における人間の責任はそれだけでは成り立たない（＝人間の責任に一元化できない）というのが、私の次の議論となります。

三　環境リスクと人間の責任

これまで、現代社会がリスク社会であること、近代以降は人工リスクがはっきりした仕方で登場することになり、それに伴って、人間の責任が明確に問われることになったことを確認してきました。次に、こうした議論を、環境危機、環境リスクにおいて、より具体的に検討してみたいと思います。

環境問題は、現代における人工リスクの典型と言うべきものです。人類は、人間を脅かす病を克服するなどさまざまな制約から解放された便利で快適な生活を、科学技術にとって追求してきたわけですが、それは人間社会の繁栄、とくに人口増加をもたらしました――現在世界人口は八〇億人に迫り、一年に八千万人の割合で増大中です――。現在深刻なものとなっている環境危機の根本にあるのは、実にこの人口増加の圧力、つまり、地球環境の限界の突破にいたるまで増大した人類なのです。(9)

環境倫理学、世代間倫理

ここでは広範な領域に広がる環境問題から、ゴミ問題を取り上げてみます。環境危機については、一九六〇年代ごろから環境倫理学によってさまざまな議論がなされてきており――その中に以下論じる世代間倫理も含まれます――、キリスト教思想にも大きな影響を及ぼしています。(10) 世代間倫理では、今生きている私たちの現在世代と私たちの以降の未来世代との間の不平等が問題になります。具体的には、資源をめぐる不平等と、そしてゴミをめぐる不平等です。

地球の資源は限りあるものであり、現在の私たちが貴重な資源を浪費するとき、将来の世代は資源ゼロの地球で生活することになります。その反対に、地球が収容可能なゴミの量にも限界があり、現代の私たちが捨てるゴミはいずれあふれだし、将来の私たちの子孫はゴミの中で生きることになるかもしれません――原発が生み出す核のゴミはその処理方法自体が見いだせずにいます――。近代以降の人類は、科学技術を駆使して外在リスクを克服し豊かな社会を目指してきましたが、近代的な豊かさは大量生産、大量消費、大量廃棄の文明を推し進め、大量のゴミが発生したわけです。これは世代間の不平等ではないか。これが世代間倫理の問題意識であり、環境倫理は、この不平等を乗り越えて、平等な社会を目指しています。ここで問われるのは、不法投棄する人間に象徴される人間の生き方です。たとえば、プラスチック・ゴミです。プラスチックは近代の科学技術が生み出した優れた素材ですが、それは貴重な石油資源などが元になっており、プラスチックの大量生産は資源の枯渇の一因になり、処分のため燃やすならば、二酸化炭素や有害な物質を排出します。また、海に不法投棄されるとき、細かく砕かれたマイクロプラスチックとなり、魚が飲み込み体内に蓄積されることになります――そして鳥や人間にも――。毎年八〇〇万トンを越えるプラスチックが海に流入し、このままでは二〇五〇年には魚の量をプラスチックが上回ることが予測されます。

近代の啓蒙的人間理解――責任・自律・主体

環境破壊は、典型的な人工リスクであり、それはきわめて深刻な状況にあります。人類の存亡がかかっているといって過言ではないでしょう。先に概観した「リスクの人類史」が示すように、人工リスクの典型である環境危機はまさに人間の責任と言うべきものです。ここで、この責任こそが、近代的な人間理解と社会理解の基本とされたものであることを確認しておきたいと思います。これについては、自らを責任の主体として自認した近代人が人工リスクを引き起こした、しかしその責任をまったく果たせなかったという点で逆説的であると言わねばなりません。

この自律的な主体としての個人と成熟した社会という人間理解については、ボンヘッファーの「成人した世界」との関係など興味深い論点が多々ありますが、ここでは、そうした人間理解の原点ともいえるカントの啓蒙主義理解を示す文章を引用しておきたいと思います。

「啓蒙とは、人間が自分の未成年状態から抜けでることである。ところでこの状態は、人間がみずから招いたものであるから、彼自身にその責めがある。未成年とは、他人の指導がなければ、自分自身の悟性を使用し得ない状態である。ところでかかる未成年状態にとどまっているのは彼自身に責めがある、というのは、この状態にある原因は、悟性が欠けているためではなくて、むしろ他人の指導がなくても自分自身の悟性を敢えて使用しようとする決意と勇気とを欠くところにあるからである」（カント『啓蒙とは何か』岩波文庫、七頁）。

近代人、近代社会がめざしたのは、このカントの言う啓蒙された人間、自分の悟性によって決断する勇気をもち責任を果たす人間なのです（自己決定と自己責任）。そして、この人間が、人工リスクを生み出したわけです。近代の啓蒙された人間は、近代の科学技術にとって外在リスクを乗り越えて理想社会の建設を目指したにもかかわらず、どこかにくるいが生じ、予想もできなかった人工リスクが発生したのです。では、人間は、環境危機という人工リスクに対する責任を真に果たすことができるのでしょうか。なお、この環境危機については、キリスト教も人類の一員として当然少なからぬ責任を負っており、また、責任ある大人となることはキリスト教においても目指すべき目標と言えるかもしれません。[11]

しかし、近代的な啓蒙された人間理解との類似性はここまでであり、キリスト教の人間理解にはもう一つの重要なポイントがあることを指摘しなければなりません。これは、先に責任性の一元論ではないと述べたことに関係しますが、別の言い方をすれば、自律的な責任の主体としての人間は罪人であるということです。[12] 責任ある人間であろうとしてもその反対の結果になってしまうという袋小路から、人間（罪人）は自力では脱出不可能であるというのが、キリスト教の人間理解にほかなりません。

啓蒙主義的人間理解を超えて——約束と赦し

では、人間の責任の自覚を近代人と共有しつつも、罪を自覚することによって、キリスト教は災害とどのように向き合うことになるでしょうか。それは神への信頼に基づき、罪の内でなおも責任を担うキリスト教的現実主義と言うべきものであると思いますが、[13] ここでは、ハンナ・アーレントが、『人間の条件』（ちくま学芸文庫、一九九四年）で行っている有名な議論を紹介したいと思います。

現実世界における他者との関わりを考えるとき、人間は深刻な状況に陥っていることがわかります。一方にあるのは他者はほんとうに信頼することができるのかという疑いであり、他方には、自分も過ちを犯してしまうのではないかという自分自身に対する不信感があります——いざとなったときに自分は逃げてしまうのではないか——。この二重の疑惑のなかで、政治、とくに民主主義はどうして可能になるのか、これがアーレントの問いです。ここに、人間の主体性とか責任感とかいったものに対する厳しい現実主義的なまなざしを読み取ることができるでしょう。こうした現実にもかかわらず、私たちが他者に心を開き、自己の責任に踏みとどまることができるために、アーレントは、近代的啓蒙主義の射程を超えたもの、つまり、約束と赦しに言及します。

まず、過ちやすき自分がなおも他者と関わろうとする勇気を持つことができるのは、過ちにも関わらず私たちが赦しのもとにあるときです。また、他者をなおも信頼できるのは他者が約束する存在だからであり——なお、アーレントと今回の講演との平行関係はここまでですが(14)——、ここから、キリスト教思想につなぐならば、他者への信頼は他者が約束する人間であり、それが神の約束のもとにあるからとなるでしょう。神の約束が人間相互の約束を支えるときに、私たちはなおもお互いを信頼し続けることが可能になるのではないでしょうか。実に、聖書の神は約束する神です。以上が、根拠の怪しいアーレント解釈でないことは、アーレントが、赦しを論じる際に、イエスの「あなたに言っておく。七回どころか七の七十倍までも赦しなさい」（マタイ一八・二二）という言葉を念頭においていることから明らかです（アーレント、一九九四、三七四）。

愛の思想と災害

環境危機の最大の問題の一つは、危機を乗り越えるために不可欠の人類の相互信頼あるいは一致が難しいという点にあります。これまで行われた環境問題に関する国際会議では、北の先進国と南の開発途上国の利害が鋭く対立して、しばしば合意に至ることができませんでした。それを見ると私たちは絶望的になります。人類は環境危機を乗り越えることができるのか。人類は自分たちが引き起こした人工リスクに押しつぶされるのではないか。人間の責任の自覚を共有しつつも、これらの疑問に対する解決の道をキリスト教は約束と赦しに、しかも神の赦しと神の約束に見いだすのではないでしょうか。そして、これは聖書の中心思想とも言える愛の思想に見事に表現されていることがわかります。

ご存じのように、掟・律法のうちで、最も重要なものは何かに対する聖書の答えは、次のようになっています。

第一：「心を尽くし、精神を尽くし、思いを尽くし、力を尽くして、あなたの神である主を愛しなさい」（マルコ一二・三〇）。

第二：「隣人を自分のように愛しなさい」（マルコ一二・三一）。

おそらく、ここで注目すべきは、神への愛と隣人愛とが相互に連関（循環）し合っており、神への愛には「神の愛」（神が人間を愛する愛）が先行している点です。神の愛の先行性は、十字架の出来事、贖罪はもちろん、創造や契約などキリスト教思想全体の基礎を表現するものですが、神の愛はそれに対して応答する人間の神への愛を生み出すだけではなく、人間相互の愛をも生み出すのです。「神がこのようにわたしたちを愛されたのですから、わたしたちも互いに愛し合うべきです」（第一ヨハネ四・一一）と言われるとおりです。しかし同時に、神への愛が具体化するのは、人間相互の隣人愛という場においてであり（マタイ二五・三一―四六）、隣人愛と結びつかない神への愛は具体性を失い、単なる抽象論になるでしょう。[15]

ここで、隣人の範囲を人間から人間以外の生き物を含めた「自然」へと拡張するならば、次のようになります。自然（被造物）を隣人として愛することは環境危機を乗り越えるための誠実な努力を生み出し、それによって人間は人工リスクへの責任を果たす責任主体となり、神への愛を実践するものとなる。しかし、これが可能なのは、隣人愛が神への愛（神の約束と赦しへの応答）と結びつくときであり、それが失われるならば隣人愛は罪の中に落ち込むことになる（隣人愛として偽装されたエゴイズム）。有限でもろい人間が隣人愛に生きるには神への愛（赦しと約束）が必要なのです。

近代以降、災害は人間の外部から人間に襲いかかるだけでなく、人間の活動（それ自体は善なる動機に基づくものであっても）自体が人工的に生み出すものともなり、それによって、人間の責任が大きく問われることになりました。しかし、この責任を真に果たすことができるためには、隣人愛を実践する人間が自らを支えている神の愛に信頼することが求められるのです。

四　むすび

これまで、現代社会において災害に直面して生きる私たちの現実をリスク社会という視点から検討し、とくに環境危機を念頭に、現代人に何が求められており、何が必要かについて、キリスト教思想から考えてきました。ポイントは、現代の災害は人間世界の外部から襲いかかってくる天災というよりも、人間の責任ある対応が問われるべき課題であり、この責任ある対応は罪の自覚を介して神への信頼（約束と赦し）と結びつけられる必要があるということでした。その上で、これまでの講演の議論をキリスト教思想史のなかに位置づけ、さらに日本のキリスト教会との関連に触れることによって私の話を結びたいと思います。

まず、環境危機などの災害における人間の主体としての責任と神への信頼との結びつきという議論ですが、これはキリスト教思想史のなかに存在する思想系譜に関連付けることができます。人間の活動と神の働きとを積極的に関係づける議論については、これまで協働説（神人協働説、神人協力説）として問題視されてきた立場との類似性が指摘できるかもしれません。[16] しかし、同時に、神と人間との協働自体は、聖書に遡る思想伝統に属しており（第二コリント六・一）、日本における災害（たとえば、関東大震災）に立ち向かった実践家にして思想家である賀川豊彦において見いだすことができます。賀川豊彦『友愛の政治経済学』（加山久夫・石部公男訳、日本生活協同組合連合会、二〇〇九年）から、引用してみましょう。

「もしも私たちが神に帰依し、手足を動かすことを拒み、それでいて神は私たちを助けてくださるだろうと信じているとすれば、それは迷信以外の何ものでもない。結局のところ、信仰とは神による可能性を信じることである。この可能性を信じることそれ自体が人間の活動を要求する」、それは「神の呼び起こされた愛の結果」である（賀川、二〇〇九、四五）。「愛は人間のチャンネルを通して流れ出る神の働きなのである」、「贖罪愛は全体的な意識、即ち神意識から出る。だから、神より来るものである。この愛は、人間の意識のチャンネルをとおして流れ出るが、神の意図に従っている」、「愛の可能性への信仰」、「私たちが私たち自身をとおして神に働いてもらうようにするのでなければ、神ご自身もその可能性を実現することはできない」（同、四六）。

災害に直面したとき、信仰者に問われるのは、個々の人間としての決断と神への信頼であり、この二つは、決して別々のものでも、相互に排除し合うものでもなく、むしろ、一つに結びついていると言うべきではないでしょうか。賀川の言う「愛は人間のチャンネルを通して流れ出る神の働き」とは、こういうことだと思います。

現代日本は、地震、津波、台風、大水害などさまざまな災害が繰り返し派生する災害大国とでも呼ぶべき状況にあります。その中に、キリスト教会も存在し、災害をキリスト教以外の人々と共有しているわけです。私の講演は、この状況で、キリスト教会にとって大切なことは、神への信頼に立って隣人愛を実践することだとまとめられます。隣人愛の実践とは、キリスト教内の信仰のネットワーク（教会から教区、そして教団へ、大学なども含めて）を教会外の人々（とくに教会の周辺の地域）とのネットワークへと具体的に広げることから始められなければならないように思います。ポイントは、この隣人愛のネットワークを災害の発生に先立って日常の営みのなかで構築しておくことです。現在のコロナ禍を克服し、ウィズコロナあるいはゼロコロナの状況に移行した後に、キリスト教会が直ちに着手すべきことの一つは、教会がそこに位置する地域とのネットワークを作り出すことではないでしょうか。地域に愛される教会は、神への信頼・神への愛に基づき隣人愛を実践する場となり、今後の災害への備えの基盤となることができるのです。[17]

これで私の話を終わります。

注

（1）本稿は講演資料・メモをもとに作成されたものであり、講演においては時間の関係で十分に展開できなかった内容（とくに後半部分）を補足し、注を追加した。

（2）リスク社会学に関わる文献はすでに多く邦訳されているが、本稿は、次の文献を参照している。

1　ウルリッヒ・ベック『世界リスク社会論――テロ、戦争、自然破壊』ちくま学芸文庫、二〇一〇年（原著　二〇〇二／一九九六年）。

2　アンソニー・ギデンズ『暴走する世界――グローバリゼーションは何をどう変えるのか』ダイヤモンド社、二〇〇一年（原著　一九九九年）。

なお、リスク社会論と密接に関連する再帰性理論については、ウルリッヒ・ベック、アンソニー・ギデンズ、スコット・ラッシュ『再帰的近代――近現代における政治、伝統、美的原理』（而立書房、一九九七年）を参照。

（3）耐性菌の存在自体は、近代のはるか以前に遡るものであるが、抗生物質が普及しはじめた一九四〇年代ごろから次々に発見されるようになった。その後は、抗生物質と耐性菌のいたちごっこが現在まで続いている。抗生物質がもっとも集中的に使用されるのは病院であることから、病院は新しい耐性菌の発生の場ともなり、院内感染の危険も常に存在することになる。

（4）福島原発事故を外部リスクと人工リスクとの複合として論じるには、かなり踏み込んだ議論が必要である。しかし、福島第一原発の立地場所の選定自体に、また原発の安全神話の流布について人災の要素を否定することはできないだろう。

（5）もちろん、感染症は単なる天災ではない。感染症が人類を脅かすようになったのは、人類がその活動領域を広げ、農耕定住文明が野生動物の家畜化を推進したことによると言われる（山本太郎『感染症と文明――共生への道』岩波新書、二〇一一年）。この点で、感染症は単なる天災ではなく人災でもある。したがって、疫病が人間の罪に対する神の怒りであるとの伝統的解釈は、全面的に的外れだったわけではない。

（6）感染症の歴史の参考文献は、日本語で読めるものも少なくない。ウイリアム・H・マクニール『疫病と世界史　上下』（中公文庫、二〇〇七年）や石弘之『感染症の世界史』（角川ソフィア文庫、二〇一八年）などは代表的であるが、キリスト教思想との関連を検討する材料として、次の文献を挙げることができる。

石坂尚武『どうしてルターの宗教改革は起こった［第二版］――ペストと社会史から見る』ナカニシヤ出版、二〇二一年。

（7）感染症と行政機構の関わりについては、近世のロンドン・ペスト（一六六五～六六年）の場合、ダニエル・デフォー『新訳　ペスト』（興陽館、二〇二〇年）から、行政機構（「シティ」の市長と市参議会）のペスト対応を具体的に知ることができる。こうした行政機構の対応が例えば次のような批判的検証の対象となるのは当然である。『月刊　保険診療』二〇二一年一月号（医学通信社）の「特集／七三〇日の『失敗』のメカニズム～我々はなぜこうも失敗し続けるのか～」。

（8）日本キリスト教が、過去に感染症パンデミックにどのように対応したかは、スペイン風邪の場合について、次の文献より、知ることができる。富坂キリスト教センター編『一〇〇年前のパンデミック――日本のキリスト教はスペイン風邪とどう向き合ったのか』新教出版社、二〇二一年。

（9）環境危機と世界人口とは密接に関わり合っている。ドネラ・H・メドウズほか『限界を超えて――生きるための選択』（ダイヤモンド社、一九九二年）では、「人類社会は限界を超えてしまった。現在のやり方では持続不可能なのだ」（ⅵ頁）と指摘され――だから、現在、ＳＤＧｓが提唱されているのである――、「幾何級数的成長こそ、人間の経済を地球の物理的限界に近づける推進力である」（一八頁）と述べられている。幾何級数的に増大する食料生産量、資源消費量、汚染量を推進するのは、「人口と資本の増加」（二八頁）なのである。

(10) キリスト教思想における環境論（環境の神学）については、次の文献を参照。
Willis Jenkins, Mary Tucker and John Grim (eds.), *Routledge Handbook of Religion and Ecology*, Routledge, 2017.
芦名定道『現代神学の冒険——新しい海図を求めて』新教出版社、二〇二〇年。

(11) この点については、次の聖句を挙げることができる。「兄弟たち、物の判断については子供となってはいけません。悪事においては幼子となり、物の判断については大人になってください」（第一コリント一四・二〇）。

(12) ここでの罪人とは、法律や慣習的きまりに違反するといった可算的な悪い行為を犯した人（犯罪者）という意味ではなく、ティリッヒの言う、自分の本来のあり方あるいは神との関わりから疎外され歪みに陥った人間の現実のあり方を指している（その意味で、存在論的概念である）。

(13) 近現代の思想史においては、キリスト教思想についても、一九世紀の理想主義から二〇世紀の現実主義への展開が指摘できる。キリスト教現実主義については、R・ニーバーの神学思想が典型例として挙げられるだろう。

(14) アーレント自身の議論は、神だけが赦しの力をもつのでも、赦しの力は神から来るのでもないという仕方で展開される。むしろ、人間相互の赦しが神による赦しの前提であるというのが、アーレントのイエス解釈である。アーレントの議論を含めた赦しについての哲学的考察として、ポール・リクール『記憶・歴史・忘却〈下〉』（新曜社、二〇〇五年）のエピローグが参照できる。

(15) 東日本大震災の際に諸宗教団体が被災地で行ったボランティア活動について、宗教の行う社会貢献という視点で議論がなされている（稲場圭信、櫻井義秀編『社会貢献する宗教』世界思想社、二〇〇九年）。キリスト教的には、ここに、隣人愛と神への愛の相互連関の具体化を見ることができるであろう。

(16) 協働説で論じられた神と人間の関係については、古代よりさまざまな仕方で論争されてきた。たとえば、ドイツのルター派においては協働説論争が行われ、協働説は和協信条（一五七七年）で否定された。

しかし協働説は、賀川豊彦だけでなく、賀川に影響を与えた、ラウシェンブッシュらキリスト教社会主義においても確認できる(ウォルター・ラウシェンブッシュ『キリスト教と社会の危機——教会を覚醒させた社会的福音』新教出版社、二〇一三年)。

(17) 教会と地域とのネットワークについては、たとえば教会幼稚園などの役割が指摘できるように思われる。論者は、宮内幼稚園(山形県南陽市)の創立六〇周年記念会で「子どもたちの未来へ——幼児期、そして人生における「祈り」の意味」という記念講演を行い、そこで、賀川豊彦の幼児教育論を論じたことがある(二〇一三年三月二七日)。この記念講演には地域の人たちも参加しており、地域のコミュニティーの核としての教会幼稚園の意義が実感された。

神学講演

戦災の記憶と想起

ドイツの教会の事例から考える

小田部進一

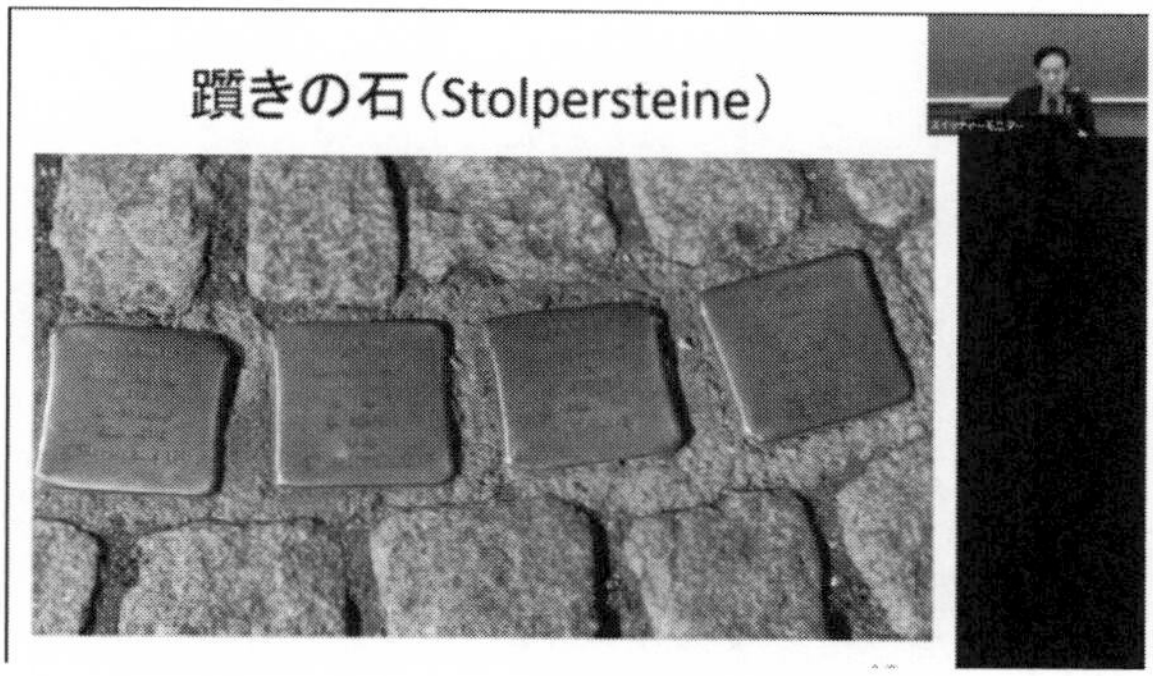

小田部進一（こたべ・しんいち）
関西学院大学神学部卒業。同大学院神学研究科博士課程前期課程修了。ミュンヘン大学神学部神学博士。玉川大学文学部教授を経て、2019年より関西学院大学神学部教授。著書に『ルターから今を考える――宗教改革500年の記憶と想起』（日本キリスト教団出版局）、共著に『宗教改革の現代的意義』（教文館）、『宣教とパンデミック』（キリスト新聞社）他。

Ⅰ　はじめに

1　私と戦災の記憶

はじめに、私が戦災の記憶という主題と関わるときに、その文脈を形成している個人的な体験を二つ紹介させてください。一つは、広島の記憶、もう一つは、ドイツの記憶に関することです。私は母の実家である広島で生まれ、幼い頃から夏休みになると広島の祖母の家を訪ね、八月六日の平和式典に参加したり、夜に原爆ドーム前の元安川でのとうろう流しを見たりしてきました。小学二年生のときに広島の疎開先から原爆投下を目撃した母は、しばしば、戦争の体験を話してくれました。この語りを聞くことを通して、私は、戦争がいかに悲惨な出来事であり、戦争を二度と起こしてはならないということを学びました。しかし、祖母は戦争の話をすることがほとんどありませんでした。大人として戦争と原爆を体験した第一世代の祖母、こどもとして体験した第二世代の母、そして、戦後生まれの第三世代の私、その私から話を聞く次の第四世代、ここに過去の出来事に対する世代間の差違と記憶の継承の問題があります。特に、高齢の母を前にして、戦争を体験した世代から直接に話を聞くことができなくなる時代が間近に迫ってくることを実感し、次の世代の私たちが戦災の記憶とどのように向き合っていくべきなのか、問われていると思っています。

もう一つの体験は、私が留学していたドイツでのものです。ドイツでは、一九八〇年代後半か

写真１　躓きの石①[1]

写真２　躓きの石②

ら新しい想起の文化が定着し、戦災の記憶が様々な媒体を通して公の場で表現されてきました。例えば、一九九二年にドイツの芸術家グンター・デムニヒがはじめたプロジェクトに「躓きの石」（Stolpersteine）があります。一〇センチメートルの真鍮版に、第二次世界大戦中のナチスの犠牲者の氏名、生年月日、強制移送された収容所名、殺害された日などを刻み、その人がかつて住んでいた場所の敷石の一つとして道路に埋め込むことで、その人がそこに生きていた証とし、それを記憶する運動です。石は「ここに……が住んでいた」という言葉によってはじめられています。二〇二二年一月現在で約九万個の石が敷かれているそうです[2]。写真1と2の中の「躓きの石」には、石が敷かれている場所の正面にある建物に住んでいた夫婦とその二人の娘全員が強制収容所に収容され、殺されたことが記されています。こうして、後の世代の人々は、過去の戦争に直接的な責任が無かったとしても、その歴史の上にその町が、そして今の生活が成り立っていることを知ります。強制収容所の中に刻まれてきた戦災の記憶を日常のただ中に目に見える仕方で刻み直すところに、この運動の特徴があると思います。また、この運動は、強制収容所の中で数字として扱われていた人々を徹底して「代替不可能な一人ひとり」として記憶することを求めています。私が留学していたミュンヘン郊外にあるダッハウ強制収容所跡の「記憶の本」プロジェクトや「数字の代わりに名前を」という運動も、同様の考え方に従っています。

2　ドイツにおける想起の文化の変遷と現在

本講演のタイトルには、「記憶と想起」という似た概念が並べられています。想起は過去を想い起す営みや記念する態度を意味します。記憶は想起された内容を指す仕方で用いられる場合がありますが、それ自体としては、想起と忘却の両方を含む仕組みと言えるものです。ある記憶が問題とされるとき、そこでは想起された内容も想起されていない内容も問題となるからです。また、記憶は、個人的な記憶と集合的な記憶とに区別することができます。そして、記憶とは「遺伝される」ことのできないものであり、その時々の想起の営みによって伝達されるものです(3)。記憶の伝達には、人と人とのコミュニケーションが重要ですが、同時に媒体として、例えば遺品や写真であったり、場所やモニュメントであったりが重要な役割を担っています。特定の場所に建てられたモニュメントの場合、組織化された記憶の保存や展示といった営みが重要な役割を担います。そのような仕方で、ある社会の中で共有される想起についての考え方や振る舞いは「想起の文化」と呼ばれ、社会学をはじめとした様々な学問領域の関心を集めています(4)。

ドイツでは、第二次世界大戦後の想起の態度に変化や発展があることが指摘されています。今日のドイツにおける想起の文化の牽引役の一人、アライダ・アスマンは、その四つの類型をそれ

ぞれの社会的・政治的枠組み条件の中で提示しています。(5)

①対話的に忘れること（終戦直後）
②決して忘れないために想起すること（一九八五年）
③克服するために想起すること（一九九〇年代）
④対話的に想起すること（二一世紀）

二番目の「決して忘れないために想起すること」で示された態度は、ハンナ・アーレントが一九五一年に構想したことが、一九八〇年代後半になってやっと「新しい想起の文化」として実現したと言われているものです。特に一九八五年が想起の文化の枠組み条件の転換の年と言われているのですが、この新しい枠組みの決定的な要素は人権概念と倫理的想起です。二度と人間の尊厳が踏みにじられることがないために、法的枠組みとホロコーストを決して忘れてはならないという倫理的想起とが求められています。この倫理的想起において、加害者が被害者の視点で被害者の記憶をその子孫に至るまで共有することが重要とされています。そして、ドイツでは、市民団体や公的機関の催し物、追悼施設、博物館、そして教会といった様々な媒体を通して、人々がこの想起にアクセスできるようになっています。上に挙げた「躓きの石」やその他の運動も新しい想起の文化の営みの一つに数えあげることができるでしょう。この新しい想起の文化は、一つの国家や国民の正当性を根拠づけるためではなく、むしろ国家と国家の境界線を越えた対話的な想起へと向かっていくことにも特徴をもっています。アスマンによれば、決して忘れないための想起、そして対話的な想起、この二つの要素が現在のドイツの想起の文化において重要な要素とされています。

ここで、個人的記憶と集団的記憶の関係をめぐる問題にも触れておきます。個人的記憶は、後に見るように、しばしば集団的記憶によって抑圧されてきました。また、ドイツ人一人ひとりの記憶を焦点とすること（個人的記憶）を隠れ蓑として、自己憐憫的に国家主義的アイデンティティ（集団的記憶）を形成しようとする内向きな動きもあります。アスマンが紹介する新しい想起の文化は、集団的記憶が人権尊重を規範とすることで、戦争とホロコーストの犠牲者一人ひとりを記憶し、決して忘れない態度に結びつくものでした。この規範の下で、個人的記憶と集団的記憶が新たに調整されることになります。このようなドイツ社会における想起の文化をめぐる議論と発展は、以下に観察する「戦災遺構としての教会」の中での想起の態度にも影響を及ぼしていることが窺えます。

II　ドイツの戦災遺構としての教会——ハンブルクの想起の文化と警告碑聖ニコライ

私にとって、戦災遺構としてまず想い起こされる建築物と言えば、「原爆ドーム」です。しかし、ドイツでは、諸都市の大きな教会が戦災の記憶を伝える建物として保存されているケースがあります。ここでは、北ドイツのハンザ都市ハンブルクの事例を紹介します。ハンブルクは、人口が約一七〇万人で、ドイツ一六州の内の一つです。ハンブルクは、一九四三年七月二四日の深夜から八月三日にかけて連合軍側が「ゴモラ作戦」と名づけ行った空爆により甚大な被害を受け、約三万四〇〇〇人の市民が犠牲になりました。このハンブルク大空襲は、第二次世界大戦終盤にドイツの諸都市を襲った空爆が想起される際の代表的な記憶の一つになっています。また、二〇一三年の七〇周年に、近年の議論を踏まえた新しい構想に基づいた博物館の展示が公開されたこともあり、現在のドイツの教会を場とした戦災の記憶と想起の取り組みを観察するために、相応しい事例であると考えています。

ハンブルクの中心部にあった聖ニコライ教会は空爆によって破壊され、焼け残って廃墟となりましたが、その同じ場所に、現在「警告碑聖ニコライ」（Mahnmal St. Nikolai）という名前で保存され、一般に公開されています。[6] 一九四六年、当時の市長マックス・ブラウアーは廃墟となった聖ニコライ教会を救済することを願い、一九五二年に教会と市はそこに警告碑を建てることで一致します。しばらくの年月を経て、会堂再建が断念された後に警告碑のアイデアが固まり、一九七七年に正式に追悼と警告の場所として公開されることになりました。一〇年後の一九八七年に、「ニコライ教会を救おう」支援協会が創設され、二〇一二年に「警告碑聖ニコライ支援協会」に名称が変更されました。理事会には、現在の聖ニコライ教会から派遣されている理事が含まれています。礼拝共同体としての聖ニコライ教会は、北に数キロ離れた別の町に移動して活動を再開し、一九六二年に新会堂の落成式が行われています。

警告碑聖ニコライを紹介する上で、二つの作業を行います。第一に、ハンブルク大空襲をめぐる想起の変遷について、ドイツのオルデンブルク大学でヨーロッパ現代史を担当するマルテ・ティーセンの叙述を手がかりに概観します。第二に、警告碑聖ニコライに設置されている記憶を媒介するモニュメント（芸術作品）と博物館の展示を紹介します。その際、特に新たに設置されたモニュメントや新しい展示の構想に注目します。その上で、そこにどのような新しい想起の態度が現れているのかについて考察を試みます。そして、最後に、戦災の記憶を伝える警告碑としての教会堂が、今後どのような場所となっていくのか、あるいはなっていくべきであるのかについて展望したいと思います。

1　ハンブルク大空襲の想起の変遷

ティーセンは、二〇一三年に警告碑聖ニコライ支援協会が編纂した『ゴモラ一九四三年——空爆戦争によるハンブルクの破壊』[7]の中で、ハンブルクにおける当時の大空襲の記憶をめぐる想起の文化の変遷について執筆しています。タイトルは、「都市の記憶の中のゴモラ作戦——一九四三年から二〇一三年までの空爆戦争についてのハンブルクの記憶」です。[8]ティーセンは、執筆時の文脈として、「ドイツ都市への空爆は長年忘れられてきた」あるいは「タブー視されてきた」という同時代の主張を前提にしています。[9]これらの主張に対し、彼は、戦後の時代を五つに区分して、それぞれの時代の想起の特徴を叙述し、ハンブルク市民がゴモラ作戦による空爆の歴史と絶えず取り組んできたことを示しています。各時代の見出しは以下の通りです。

① 「プロパガンダとしての想起——第三帝国における想起」
② 「終戦直後の想起」
③ 「再建神話としての『大火災』——一九五〇年代以降の想起」
④ 「一九八〇年代からの『記憶ブーム』における想起」
⑤ 「今日の想起——二一世紀のゴモラ作戦」

ここでは二つの点に注目します。一つは、それぞれの時代の想起の特徴の一つとして空爆に関する何が想起され、またどのように解釈されているのか、もう一つは、どのような枠組み条件のもとでそれらの想起の営みが起こっているのか、という点です。

1・1 「プロパガンダとしての想起——第三帝国における想起」

ハンブルク大空襲は市民にとってだけでなく、ナチス政権にとっても災害でした。なぜなら、甚大な被害の経験が政権に対する信頼の喪失を招きかねないからでした。そこで試みられたことの一つが、プロパガンダとしての想起という記憶の管理でした。そこには、戦争を継続するために政権への信頼と戦意を維持するという想起の枠組み条件が観察されます。この時期のハンブルクの新聞は「危機の道徳化」を図っています。具体例として、一九四三年八月のある新聞記事で、防空壕の中やその前で、人々が共に試練を乗り越え、危機の中で一致団結が最も強く感じられている様子が報じられていることが紹介されています。[10]

危機の中で「運命共同体の絆」が強調されることは、時代や地域を越えて様々なところで見られます。そして、「ゴモラは、沈鬱な現在を輝く未来へと翻訳するための公的な想起を必要とした」のであり、一九四三年一一月二二日（暦の上での死者の日曜日）に、アドルフ・ヒトラー広場に一二〇〇人の親衛隊員、三〇〇〇人の国防軍関係者と党員たち、二万人のハンブルク市民が集まって空爆の犠牲者追悼のセレモニーが行われました。ティーセンは、式典で語られた「ここに広がる廃墟と死者たちは、我々の作戦のための絶え間ない義務である」[11]という言葉を紹介し、空爆の記憶が現在と未来の解釈に関係づけられていることを注視しています。

また、ナチス政権にとって個人の記憶への対処が重要でした。空爆直後、ハンブルク北部に広がるオールスドルフ墓地には、空爆の犠牲者を埋葬する大きな共同墓穴があり、そこは遺族たちにとって深い嘆きの場所でした。そこには、プロパガンダの言葉を疑問に付す力がありました。「数えきれない墓の十字架、別れの手紙、写真のもとで、空爆戦争は決して厳しい試練を乗り越えた証拠という姿を現わすことはなかった」のであり[12]、墓地を個人の嘆きが支配していたのです。こうして、個人の記憶を集団の記憶に取り込むため、上述の追悼セレモニーよりも前の一九四三年一〇月に、「ハンブルク空爆犠牲者のための慰霊碑」が設置されました。樫の木の巨大プレートの上には、個人の犠牲者の名前ではなく、空爆で破壊された町の名前が刻まれました。ティーセンが指摘しているように、個人の記憶は、プロパガンダ的式典や記念碑によって表明された「運命共同体」のイメージによって覆い隠されていったのです。

1・2 「終戦直後の想起」

終戦直後の空爆の想起の枠組みをなす条件は、東西冷戦と東側諸国に新しく台頭する独裁体制への対峙にありました。この文脈の中で、空爆の記憶を「歴史化」することが試みられました。一九五二年八月一六日、オールスドルフ墓地の共同墓穴の上に新しく建てられた追悼碑の落成式で、当時のハンブルク市長ブラウアーは、一九四三年の空爆に先立って行われたスペインのゲルニカ、オランダのロッテルダム、イギリスのコヴェントリーの町々に対するドイツ軍による空爆とその犠牲者たちを想い起こしています。そして、次のように語っています。「彼らの死は［中略］、すべての戦争が人間の業であるように［中略］、人間の業でした。そして、そのような仕方で、この共同墓穴はわたしたちに警告しています。危険を認識しなさい。人類が、自由と権利を放棄するや否や自己破壊の道を歩むことを、ついに知りなさいと[13]」。

終戦直後の早い段階で、一九四三年の母国の犠牲者だけでなく、それ以前に自分たちの国の攻撃によって生じた他国の犠牲者たちのことが想起されていることは注目に値することだと思われます。戦時中に展開された双方の空爆の因果関係の詳細については議論の余地が残るとしても、冷戦のはじまり、そして東側諸国での新しい独裁の危険を前にして、ハンブルク大空襲の記憶が歴史化されています。そして、この歴史化という態度が、後の時代にもハンブルクの想起の文化の重要な要素であり続けることになります。

1・3 「再建神話としての『大火災』――一九五〇年代以降の想起」

一九五〇年代と一九六〇年代は、空爆で破壊されたハンブルクの再建の時代です。この時代には、好んで一九四三年に破壊されたハンブルクの町の写真と再建後の町の写真が並べられて示されたそうです。過去の記憶は、試練を乗り越えて復興を成し遂げた都市ハンブルクの現在を示すことに結びつけられました。一九五三年の新聞「ヴェルト」の記事が例として紹介されています。「工場労働者たちは、住居不足や人的危険にもかかわらず彼らの労働現場に固く結びついていたし、いつも結びついています。［中略］ついに、人間は爆弾に勝利し、労働現場に固く留まることが死の恐怖に勝利したのです[14]」。

ここでもティーセンは、ある種の運命共同体的な想起のモデルを見ています。労働による都市再建への貢献とそれによって生じる絆が強調されているからです。再建された建物には、建設局による記念銘板（Gedenktafel）が設置され、目に見える仕方で再建神話としての空爆の記憶を伝達するものとなりました。

1・4 「一九八〇年代からの『記憶ブーム』における想起」

1・4・1 一九八〇年代の想起

先に紹介したアスマンが一九八五年を想起の文化の転換の年と見ていたように、ティーセンは一九八〇年代を「記憶ブーム」の時代と見なし、そこに過去から教訓を導き出すという新しい想起の規範を見出しています。ここでは、ゴモラ作戦から四〇年目の一九八三年に、当時の市長クラウス・フォン・ドホナーニが語った空爆の記憶が注目されています。「しかし、空爆戦争は、最も適切で、正当化できる手段だったでしょうか。それは違いました。正義と道徳、そして人間性は、その中［空爆という手段］にはありませんでした。言い換えるならば、ヒトラー・ドイツによって演出された第二次世界大戦は、後の私たちの解放者たちの行為に対しても、皮肉なことに、人間性を軽視する性質を与えてしまったのです。このことが戦争の本質の中にあることなのです[15]」。

ドホナーニもまた空爆の記憶をヒトラー政権との歴史的関連の中に位置づけています。そこに歴史的因果関係があることを踏まえつつ、それに加えて、ドイツによる空爆も連合軍によるドイツに対する空爆も、いずれも戦争の本質である「非人間性」の問題を持っていることが指摘されています。ドホナーニ市長による過去の想起は、核軍拡時代に予見される「核によるホロコースト[16]」というその時代の枠組み条件のもとで、その危機に警笛を鳴らすことに向けられていたというのがティーセンの観察です。

1・4・2　一九九〇年代の想起

一九九三年の五〇周年には、戦後直後に当時のブラウアー市長が試みた空爆の歴史化がさらに踏み込んで行われました。一九九三年の記念式典で当時の市長ヘニング・フォシェラウは、市庁舎でも警告碑聖ニコライでも、繰り返しその年の記念の目的について次のように述べたことが紹介されています。「ドイツにおける内的平和が極右の暴力行為者によって脅かされている時代に、ハンブルクは、一九四三年七月二五日から八月三日までの出来事が、決して孤立した、無媒介な自然の出来事ではなかったことを想い起します」[17]。そして、空爆の出来事について次のような歴史化を行っています。「連合軍が、ドイツの殺人犯を止めるためにナチスの暴力に暴力で対抗する勇気と固い決意を持っていなかったなら、解放、更新、民主主義的な未来はあり得たでしょうか」[18]。

フォシェラウは、ハンブルク市長として初めてゴモラ作戦による空爆を戦争終結とその後の新しい出発の前提として想起しました。この点で、一九八三年に語った前任者とは異なっています。特に注目されることは、このフォシェラウの語りの枠組み条件です。一九八九年にベルリンの壁が崩壊し、一九九〇年に東西ドイツが統一します。その後、「ドイツの自己像」をめぐる激しい議論が起こり、移民申請者の宿泊施設や移民的背景を持つ市民への暴力的な事件が頻発します。そして、その支持母体である極右勢力やネオナチとの対決の必要性が、フォシェラウ市長の想起の枠組みをなす条件となっているのです。それは、空爆の出来事を孤立した出来事と見なし、非歴史化する極右やネオナチの態度への対峙でもありました。ハンブルク市政府は、一九四三年の空爆の想起に関連して、「『集団的ドイツの自己憐憫』の公的な［中略］拒絶と［中略］民主主義と市民的勇気のための訴え」を公式に表明しています[19]。ここに、ある集団的記憶ともう一つの集団的記憶の衝突、歴史化するゴモラの記憶と非歴史化するゴモラの記憶の衝突があります。

ティーセンは、一九九〇年代の出来事として、ハンブルクの教会と博物館の動きに注目しています[20]。まず、ハンブルクのプロテスタント教会の中心的存在の一つである聖ミヒャエリス教会では、一九九三年七月二三日に空爆から五〇周年記念の行事が開催されました。かつての敵国に対する攻撃の対象となった諸都市、コヴェントリー、サンクトペテルベルク（ロシアの旧レニングラード）、ロッテルダムの司教を招き、ヨーロッパにおける和解が象徴的に示されました。しかし、そこにも、想起をめぐる異なる解釈に起因する緊張関係があったことが報告されています。大きく三つの種類に分けられます。

①教会員の遺族による個人的な嘆きと慰めへの求め
②エキュメニカルな教会共同体とヨーロッパ的な和解への求め
③極右やネオナチの危険と対決することへの求め

①は個人的記憶と慰めを重視し、②は和解を志向する集団的記憶を肯定し、③はドイツ的性格をもつ集団的記憶を拒否することに関心を向けています。特に、③のグループが①の関心への批判を表明し、そこに衝突が起こっていたことが紹介されています。なぜなら、③のグループにとって、①の立場には、ドイツ人の「自己被害者化」と他の犠牲者の忘却の危険が潜んでいると考えられたからです。イギリスのコヴェントリー大聖堂和解センターの主事でもあったパウル・エストライヒャー牧師は、「個人的な悲嘆が重要であると同様に、［中略］被害者の歴史から排他的に供給されるドイツ的アイデンティティへの心配が残るであろう」[21]と述べ、個人的記憶と集団的記憶の危うい関係について懸念を表明しています。

この懸念に対する反応の一つとして、ハンブルク歴史博物館（今日のハンブルク博物館）の展示が注目されています。「……もしすべてが破片となるなら――ハンブルク大火災への道のり」というタイトルのもとで空爆戦争に関する展示が行われました。そこでは、ハンブルク空爆の前史の紹介に力が入れられています。この展示は、一九三三年一月のヒトラーの権力掌握とその後のヨーロッパへの空爆の出来事も示すことで、一九四三年のハンブルクにおける大火災が理由もなく天から降って来たものではないことを誤解なく明らかにすることを目的としていました。ティーセンは、ここに、一九三三年と一九四四年の関連についての長年の議論の一つの到達点を見ています。そこでは、想起がある歴史認識と民主主義社会への積極的参与への促しを媒介しています。まず、一九三三年のヒトラーの権力掌握こそが自由と民主主義の喪失という災害の発端にあり、その破滅的な帰結として一九四三年の大空襲が起こったという歴史認識があります。そして、その歴史が一種の教訓として想起されることを通して、市民的勇気の意思表明の必要性と重要性が確認されています。一九三三年を、そして結果として一九四三年を避けることができなかったその過ちを繰り返さないために。

1・5 「今日の想起――二一世紀のゴモラ作戦」

ティーセンは、最後に二〇〇三年の六〇周年の様子を紹介しています。先行する二〇〇二年に、ドイツではイェルク・フリードリヒによる著作『ドイツを焼いた戦略爆撃 1940-1945』（みすず書房、二〇一一年）が出版され、新しく激しい論争が起こっていました。ティーセンは、そこに誤った前提があることを指摘しています。戦後六〇年が経ち、ドイツ都市への空爆の記憶が長年忘れられタブー視されてきたという主張が広く受容されはじめ、「先行する想起の働きが、突然に忘れ去られてしまった」というのです。[22]「想起の歴史」の忘却です。

六〇周年に行われた市長オレ・フォン・ボイストの演説もこの傾向にあり、彼はゴモラ作戦を「文明の崩壊」として嘆き、空爆を「技術の全能性の恐ろしい倒錯」として語っています。[23]そこには、前任者たちが行ってきたような空爆の歴史化も、ナチス時代の他の犠牲者の記憶も欠如していたと指摘されています。六〇周年に開催された「ハンブルクの大火災」という展示会はというと、テキストによる解説がほとんどなく、ただ「廃墟と死者のモニュメント的撮影」としてハンブルク空爆の悲惨さが強調されたものであったと言われています。[24]ティーセンは、同様の展示会が多く開催されたことを偶然とは考えていません。そこに、空爆の歴史化とは異なる、ある種の「科学化」と言える新しい態度を見ることができるかもしれません。[25]

二〇〇三年七月二四日に警告碑聖ニコライで行われた記念式典で、ドイツ人作家ラルフ・ジョルダーノは、一九四三年のハンブルクの空爆が意図的に「戦争の歴史の唯一無二の時期」に仕立て上げられることに、ハンブルク市民にとってだけでなく、「ドイツの想起の文化全体にとっての憂慮すべき変化」を見ていました。[26]空爆の科学化、その結果の悲惨さ、ハンブルク市民の苦しみへの共感と犠牲者への追悼、その灰の中から立ち上がったハンブルクへの誇りといったテーマが、六〇周年の記念の中で示されました。ティーセンは、そこに、今日的な取り組みと応答が必要な諸々の主題があると考えています。

ティーセンは、二〇一三年を前にした状況として、一方で、「忘れられた犠牲者」の代弁者であることを求める極右政党の動きが依然として活発であることに言及しています。しかし、他方で、ハンブルクには戦後から空爆戦争と取り組んできた市の政治、諸政党、様々な協会や教会、市民団体、メディアの活動を通して、多様で反省された想起の文化が表現されてきているので、ゴモラ作戦の記憶と批判的に取り組むよい前提が存在していると述べています。そして、ティーセンは、二〇一三年にはじまる「警告碑聖ニコライの新しい常設展示が、この想起の道に一つの方向性を示すことができるかもしれない(27)」という言葉によって、彼の叙述を終えています。終戦八〇周年に向けて、この新しい展示を通して改めて「想起の歴史」を想起し、多角的に確認することが未来への道筋を示すことになる、というティーセンの視座は、同じく戦後八〇年を迎える日本の私たちへの問いかけとなっているのではないでしょうか。

写真３　屋根が焼け落ちた内陣から見た警告碑聖ニコライの塔

2　戦災遺構としての教会――警告碑聖ニコライ

次に、ハンブルク大空襲をめぐる想起の変遷の中でも登場した旧聖ニコライ教会に注目します。現在の警告碑聖ニコライです。戦災の記憶の場所の一つであるオールスドルフ墓地が市の郊外にあるのに対して、一九七七年に除幕式が行われた警告碑聖ニコ

写真4　塔から見下ろした内陣

写真5　内陣内の戦没者を追悼する碑文

ライは、街の中心に据えられた想起の場所です。空爆により廃墟となった建物が戦災遺構として目に見える仕方で保存され、平和を願うシンボルとして機能するようになっている点で、広島の原爆ドームに比較することもできるでしょう（写真3と4）。以下に、警告碑聖ニコライの敷地内にあるモニュメントと地下の展示室を紹介し、そこにどのような記憶そして想起の態度が見られるのか、それらが設置された時期に注目しながら考察します。

2・1　追悼の場所——戦争と暴力支配の犠牲者の追悼

警告碑聖ニコライの敷地内には、戦没者を追悼する場所があります。前方の内陣領域の右の壁に「戦争と暴力支配の犠牲者のために」という文字が刻まれ、花が飾られています（写真5）。この名称は、現在のドイツの戦没者追悼施設で一般的に使われているものです。しかし、ドイツでは戦没者の表記が歴史的に変化してきた経緯があります。例えば、ベルリンのウンター・デン・リンデンにある現在の国立中央追悼施設ノイエ・ヴァッヘは、一九三一年以来

「第一次世界大戦の戦没者」慰霊の場として用いられ、戦後のソ連の占領下を経て東ドイツ統治下となった一九六〇年に「ファシズムと軍国主義の犠牲者」のための追悼所となりました。その後、一九八九年のベルリンの壁の崩壊と一九九〇年のドイツ統一後、一九九三年に「戦争と暴力支配の犠牲者」のための国立中央追悼施設となりました。[28] これらの変化は特に旧東ドイツの統治下にあったベルリンに特別な事情を反映しています。

警告碑聖ニコライの碑文設置の時期については、まだ確認できていません。旧西ドイツでは、戦後間もなく「戦争と暴力の犠牲者」という表現が戦没者追悼の場で用いられてきたのですが、歴史的変遷を経て一九九〇年以降にドイツ全体でこの名称が一般的に使用されるようになりました。この曖昧とも言える表現によって、第一次世界大戦以後のドイツの戦没兵士だけでなく、ナチス・ドイツに殺されたユダヤ人をはじめとした犠牲者たち、ドイツとの戦争における諸国の犠牲者たち、そして空爆による一般市民の犠牲者、さらに東ドイツの独裁体制の下での犠牲者たちをも追悼することが可能です。これまでに概観したハンブルクの想起の文化の歴史から、「戦争と暴力の犠牲者」という表記の下で具体的に誰が想起されるのか、議論が存在してきたことが分かります。しかし、現在の警告碑聖ニコライの会堂跡にあるモニュメント及び展示は、明らかにこの場所でナチス・ドイツによる戦争の犠牲者たちをも想起し、現在と未来の暴力に対峙していく姿勢を示していると言えるでしょう。

2・2 芸術作品

警告碑聖ニコライの会堂跡には現在五つの芸術作品が存在し[29]、それぞれが訪れる人々を沈黙の内に対話と瞑想へと導いています。バルバラ・へーガーによる彫刻の「女性的天使」（一九六〇年作・一九七二年設置）、オスカー・ココシュカによるモザイク画「この人を見よ」（一九七五年作）、エディット・ヴレックヴォルトによる彫像の「地上の天使」（二〇〇三年作）と「試練」（二〇〇四年作）、そして写真家ニック・フェイによるインスタレーションを通して塔の影像を観ることへ刺激する「プロスペクト（眺望）」（二〇一七年設置）です。最初の二つの作品は一九七〇年代に、残りの三つの作品は二一世紀になってから設置されています。

2・2・1　オスカー・ココシュカ「この人を見よ」（一九七七年設置）

一九七〇年代に設置された作品を一つだけ紹介します。ナチスから「退廃芸術」の烙印を押され、迫害から逃亡する生活を強いられたオーストリア出身のココシュカによる「この人を見よ」です。キリスト磔刑図のモザイク画にヨハネ福音書一九章五節に由来するタイトルがつけられています。ココシュカは、同じタイトルでカラーのモザイク画も制作しています。それは、一九七四年以降、別の場所に建てられた聖ニコライ教会新会堂の内陣正面の壁に掲げられています。順番では、まず、新会堂にカラーの「この人を見よ」が、そして三年後、警告碑聖ニコライの除幕式の年にモノクロの作品が設置されました。ただし、その際の設置場所は、警告碑聖ニコライ教会の入り口部分にある塔の下のホールだったそうです。いずれにしても、二つの同じ作家による同じモチーフの作品の存在が、設置された教会内の位置は異なるものの、戦災遺構としての旧会

写真6　内陣中央の壁に掲げられたココシュカ「この人を見よ」

堂と現在の新会堂を結びつける要素となりました。

芸術作品そのものについて、新しい聖ニコライ教会の説明には次のように書かれています。「ココシュカは、『こうして、人間がついには憐み深くなるために』それを考案しました。それは、見る者をいぶかしがらせ、困惑させ、苦しんでいる人々と他者に苦しみを加える人々に関わり合うことを強います。このモザイクは、当時も今日も様々な反応を呼び起こしています」[30]。旧会堂のモノクロの作品は、教会の塔にエレベータが新設された後、二〇〇八年に現在の内陣中央の壁に、すなわち、新会堂と同じ位置に移設されました（写真6）。現在の聖ニコライ教会が「二つの場所にある一つの教会」を自認しているように、この移設により、これら二つの芸術作品は、真の意味で旧会堂と新会堂を歴史的に結びつける、いわゆる歴史化の作用を明確に担うシンボルとなったと言えるでしょう[31]。ティーセンが叙述する二〇世紀末から二一世紀にかけた想起の非歴史化の傾向の文脈で考えるならば、ココシュカの作品の移設は、歴史的連続性をより強く意識させる想起的行為の一つと見なすことができるかもしれません。

2・2・2　エディット・ヴレックヴォルト「試練」（二〇〇四年）

次に、二一世紀に追加された作品の中からハンブルクの彫刻家エディット・ヴレックヴォルトによる影像を紹介します。かつて、警告碑聖ニコライの敷地内には二〇一七年に彼女の故郷ラ

写真7　ヴレックヴォルトの「試練」

写真8　地下の展示場の様子

ウエンベルクのマリア・マグダレーナ教会に移設された彫像「平和の祈り」（二〇〇一年作）もありました。すべての作品が、戦争と平和について考えることをテーマにしています。ここで注目する作品は、二〇〇四年作の「試練」と題された銅像です（写真7）。この作品は、ハンブルクから六〇キロ西に位置するサンドボステルに設置されたドイツで最大級の捕虜収容所の犠牲者に捧げられています。銅像の基礎部分のレンガは、サンドボステルの学校の生徒たちが収容所の建物跡から集めたものです。この作品の説明は、地面に埋め込まれた銅板に刻まれており、注意深い訪問者はその歴史的背景を知ることができます。それによれば、サンドボステルの捕虜収容所で、ヨーロッパ各地から強制移送された五万人以上もの人々が犠牲者となりました。そこには、ハンブルク郊外にあった強制収容所ノイエンガメの約一万の捕虜が含まれています。銅像の足元の銅板には、ボンヘッファーによるものとして次のような言葉が刻まれています。「世界中のいかなる人も真理を曲げることはできません。ただそれを探し、見つけ、そこに仕えることができるだけです。真理は、いかなる場所にもあるのです[32]」。

2・3　警告碑聖ニコライの展示（二〇一三年）

2・3・1　常設展示内容

一九九八年に教会の地下に資料館が開設され、二〇一三年に新しい構想と手法による展示が開始されました。この新しい展示は四つの部屋に分けられています[33]。第一展示室は聖ニコライ教会の歴史を扱っています。まず、一一九五年の最初の教会堂の歴史から一九三三年のヒトラーの権力掌握まで、次に、教会が次第にナチス政権に管理され、取り込まれていく様子が教会の記録を通して示されています。さらに、一九四三年夏の空爆によってハンブルク州教会の二八教会と七〇もの牧師館が破壊されたことの説明があり、破壊を免れたステンドグラスや廃墟から掘り出された祭壇の一部が展示されています。最後に、戦後の警告碑への道のり、新しい聖ニコライ教会の建築の歴史が展示されています。

第二展示室では、一九三三年から一九四三年のハンブルクの歴史が展示されています。ハンブルク市民の空爆への備えや焼け出された市民の様子と並んで、ユダヤ人やその他の少数派が排除され、差別された出来事も展示されています。例えば、ユダヤ人の強制移送や住居の差し押さえ、空爆によって焼け出された市民によるユダヤ人の住居の引き取りについてです。また、強制収容所に移送されるまでのあるユダヤ人女性の個人的な運命が収集された手紙によって展示され、視聴覚コーナーでは、あるシンティ＝ロマの男性が防空壕から追い出されたことなどについて語る空爆時の体験を聞くことができます。さらに、ドイツ軍によってこの時期に行われたワルシャワ、ロッテルダム、コヴェントリー、その他の諸都市への空爆についても展示されています。これは、二〇〇九年からワルシャワの歴史博物館と共同で行っている展示です。最後に、一九四〇年代に戦争がドイツの領土、そしてハンブルクに迫って来た様子が展示されています。

第三展示室は、一九四三年のゴモラ作戦からそれがもたらした一九四五年の帰結について展示しています。その際、多様な視点から空爆を描写することが試みられています。連合軍の視点、ドイツの防空の視点、空襲警報によって支配される日常や防空壕の視点、さらには消防隊の視点などがあります。そして、空爆後の瓦礫の山となったハンブルクと共に、傷病者の救済や廃墟を片付ける様子が展示されています。瓦礫や不発弾撤去といった危険な作業には、強制収容所の捕虜が投入されています。また、市民がハンブルクから逃避する様子が、手紙や日記を通して伝えられています。最後に、一九四五年五月三日にイギリス軍への降伏を迎え、都市の再建がスタートする様子が展示されています。

第四展示室では、先行する展示でも扱われていた空爆によるハンブルク大火災の記憶が改めて取り上げられています。そこには、先にも紹介した一九四三年のナチスによる空爆の追悼式典も紹介され、公的記念の歴史が主題化されています。また、同時に、大火災についての個人的記憶も主題化されており、視聴覚コーナーでは当時の体験者のインタビューを聞き、展示品の中に語り部の個人的な記憶に関わる日用品を見ることもできます。さらに、二〇〇二年に出版されたイェルク・フィリードリヒの『ドイツを焼いた戦略爆撃　1940-1945』以降行われてきた「正しい記憶」をめぐる議論に関する資料が展示されており、読書コーナーで「空爆戦争と記憶」に関する研究資料に触れることもできるようになっています。

2・3・2　特別展

私が訪ねた二〇一八年七月には、期間限定で開催されていた強制収容所の捕虜についての特別展示「私たちの前にはただ瓦礫が横たわっています――ゴモラ作戦後の強制収容所捕虜の投入」が開催されていました。[34]約一万人の捕虜たちが遺体の掘り起こし、瓦礫撤去、さらには爆弾撤去という危険な労働に投入され、約三四〇〇人が強制労働で犠牲となりました。[35]空爆でハンブルク市民の二・五％が犠牲となったのに対して、強制労働者たちの場合、五％が空爆の犠牲になったと報告されています。[36]常設された第三展示室でも、瓦礫や不発弾撤去といった危険な作業につかされた強制収容所の捕虜たちについて紹介されていますが、この特別展示はその視点からハンブルクの空爆についての理解をより深める企画となっていました。警告碑聖ニコライでは、一年を通じて、戦争の想起に関する様々な企画が実施されています。

2・4　コヴェントリーの釘の十字架

ドイツ軍の爆撃機は、ゲルニカ、ワルシャワ、ロッテルダム空爆の後、一九四〇年一一月一四から一五日にかけてイギリスのコヴェントリーの町を爆撃しました。この空爆により、英国国教会の聖ミカエル大聖堂も破壊され、五六八人が犠牲になったと言われています。現在、新会堂の横に廃墟となった戦災遺構としてのかつての教会跡を見ることができます。

ドイツ軍による空爆の翌日の朝、当時の聖ミカエル教会のリチャード・ハワード司祭は、大聖堂の廃墟から三本の長い鋭利な釘を拾い上げ、針金で十字架の形を作りました。これは「釘の十字架」と呼ばれ、コヴェントリー大聖堂と和解の働きのシンボルとなりました。(37) ハワード司祭は、廃墟となった礼拝堂の祭壇正面に残った壁に「父よ、赦したまえ」というイエスの言葉（ルカ二三章三四節）を引用して刻みました。しかし、そこに「彼らを」という言葉を入れませんでした。そこには、私たちが皆「罪を犯して神の栄光を受けられなくなっています」（ローマ三章二三節）というパウロの根源的な罪理解、さらには、「互いに親切にし、憐みの心で接し、神がキリストによってあなたがたを赦してくださったように、赦し合いなさい」（エフェソ四章三二節）という和解の勧告に真剣に応答しようとする姿勢があります。これらの言葉に基づき、一九五九年にコヴェントリーと世界各地の「釘の十字架共同体」で毎週金曜日に祈られている和解の祈りが成立しました。

一九四七年という戦後間もない時期に、北ドイツの港湾都市キールに、和解のしるしとして最初の「コヴェントリーの釘の十字架」が贈られています。ハンブルクの警告碑聖ニコライには、空爆から五〇年を迎える一九九三年七月二四日に釘の十字架が寄贈されました（写真9）。その時から、戦災遺構としての聖ニコライは、ドイツとイギリス両国における空爆の犠牲者を追悼し、和解のために祈る「釘の十字架共同体」の一員となったのです。世界各地に「釘の十字架共同体」は存在していますが、現在のドイツには七三か所が存在し（二〇二二年二月一二日現在）、和解のために働くことを自らに義務づけ、様々な活動を行っています[38]。二〇一三年八月四日に行われた七〇周年の追悼式典においても、当時のハンブルク市長で、現在のドイツ首相であるオーラフ・ショルツ、並びに州教会監督カーステン・フェルスをはじめとした関係者が、警告碑聖ニコライでコヴェントリーの和解の祈りを祈っています[39]。

写真9　コヴェントリーの釘の十字架寄贈を記念した銅板（実物は展示室内にある）

2・5　考察

ここで、これまで紹介してきたモニュメントと新しい展示を通して何が記憶されているか確認しておきましょう。まず、一九七二年に設置された最初のモニュメントを含めて、すべてが警告碑として位置づけられていることにおいて共通しています。一九八五年の前か後かにかかわらず、これらの作品を通して戦争の悲惨と平和への希望が表現されています。ただし、上に見てきたように、新しいモニュメントの設置は、警告碑聖ニコライが戦争と空爆の多様な犠牲者が記憶される場所であることをより具体的に明らかにすることにつながっています。破壊された教会堂を警告碑とすることによって空爆によるハンブルク市民の犠牲者たちが（一九七七年）、コヴェントリーの釘の十字架（一九九三年）によってドイツ軍による空爆の犠牲者たちが、ヴレックヴォルトによる彫像「試練」（二〇〇四年）によって強制収容所の犠牲者たちが、礼拝堂の内陣の壁に掲げられた「戦争と暴力支配の犠牲者のために」という追悼碑に、またココシュカの「この人を見よ」によって示された苦しみを負わされた人の中に含まれていることを認識することが可能です。二〇〇八年のココシュカの作品の内陣への移設は、新しいモニュメントの設置の流れと共に、その影響を旧会堂だけでなく、現在の礼拝が執り行われている新会堂にも及ぼしています。新会堂の正面に掲げられた、同じくココシュカによって描かれた十字架上のキリストの苦難の姿は、それを見上げる者に、今や空爆によるドイツ人の犠牲者たちだけでなく、ナチス・ドイツによる犠牲者たち、強制収容所の捕虜として犠牲となった人々の苦しみをも連想し、想起させる作用をより明確に持つものへと変化したと言えるでしょう。

さらに、二〇一三年の新しい展示により、戦災遺構の中にある様々なモニュメントがどのような仕方でハンブルク空爆の歴史に結びついているのかを理解することができるようになっています。常設展示の内容の特徴として、歴史化と歴史の重層性の視点を指摘したいと思います。一九四三年のハンブルク大空襲が孤立して展示されることなく、それはむしろ一九三三年一月三〇日のヒトラーによる政権掌握とヨーロッパ諸国へのドイツ軍による空爆との歴史的関連の中で記憶されています。そこに歴史化する態度が明確に示されています。次に、諸々の個人的記憶が多様な視点から、視聴覚資料や記憶の品々によって紹介されることで、一つの歴史的出来事が重層的に展示されています。複数の視点と諸事実により、ハンブルク空爆の歴史を一方的でモノローグ的な物語として想起することが相対化され、ある意味で「対話的に想起する」(アスマン)ことを促しています。また、ゴモラ作戦に先行するドイツ軍によるヨーロッパ諸国への空爆、さらにハンブルク近郊の強制収容所の捕虜たちの存在は、加害者と被害者という図式もまた重層的であることを示しており、いずれか一つの立場に単純化する態度を退けています。ただし、ナチス・ドイツが加害者であり、当時のキリスト教会もまたそこに加担していった事実がしっかりと記憶されています。戦後七〇年間の想起の歴史を踏まえた、そして、加害の責任とその犠牲者たちから目を背けることのない展示と言えるでしょう。その上で、第四展示室を通して訪問者は、これら多様で重層的な歴史的な過去とどのように向き合っていくべきか、現在と未来に向けた想起のあり方それ自体を改めて問う機会を与えられています。

ドイツには、確かにそれ以前から各地の強制収容所跡でナチスの犠牲者たちを記憶し、教訓としてきた歴史があります。しかし、警告碑聖ニコライの観察から、その犠牲者たちが、もはや郊外においてだけでなく、町の中心部にある戦災遺構としてのドイツ人の旧教会堂の中で、また、そこに歴史的に結びつけられた新しい教会堂の中で、具体的に見える形で記憶され、想起されるようになっているということが分かります。時期的に見ると、それはここ二〇年ぐらい、あるいは、もう少し遡って「躓きの石」運動が起こった一九九〇年代になってからの現象ということも分かりました。それは、アスマンが指摘する一九八五年以降の想起の文化の新しい潮流に連動しているようにも見えます。特に、二一世紀になって警告碑聖ニコライの空爆の記憶の歴史化が強化され、犠牲者理解の重層化が進められたことの背景に、反歴史化の流れとナショナリズムの強まりがあることが、ティーセンの論稿からは窺えます。

III　おわりに——教会と和解の使命

災害とキリスト教というテーマに関連して、ドイツの想起の文化とその歴史を踏まえた上で、具体的にハンブルク市と警告碑聖ニコライにおける戦災の記憶とその想起の変遷について考察しました。これらの変遷にどのような教会的議論が存在したかについては今後の課題として残ります。今回の考察から見えてきたことは、終戦四〇年を迎えたドイツで新しい想起の文化と呼ばれる態度が公的言説を規定するようになり、その枠組みの中でハンブルクの警告碑聖ニコライを場とした想起も変化を遂げてきたであろうということです。さらに、警告碑聖ニコライが、二〇一三年の七〇周年を機に新しく構想され、戦災の記憶を多角的・包括的に捉えた常設展示によって現在と未来の議論のための確かな土台を提供する地点に至り、そこからの一〇年を経て、二〇二三年にハンブルク大空襲八〇周年を迎えようとしていることも確認できました。また、そこに歴史化と歴史の重層性への眼差しを通して、モノローグ的・国家主義的記憶と想起の境界線を越えて、対話的な想起を志向する姿勢も見ることができました。歴史化とは、ある出来事を過去のものとして処理し、忘却することではなく、むしろ、徹底して現在と人間共同体への責任に立ってその出来事を歴史的に考察する態度であると理解します[40]。

一九八五年五月八日、ドイツ終戦四〇周年の日に、当時のヴァイツゼッカー大統領が、いわゆる「荒れ野の四〇年」という演説を行いました。アスマンは、この演説を新しい想起の文化への転換を象徴するものの一つに数えています。[41]「過去に目を閉ざす者は結局のところ現在にも盲目となります」という言葉は、当時の人々の心に深く響きました。[42]この演説の中で、ヴァイツゼッカー大統領は、出エジプトの荒れ野の四〇年に言及し、四〇年目という時期が責任ある立場の世代交代とそれに平行して心に刻んできたことが忘却される時期でもあるため、そこに大きな転換の時を見ています。そして、次の若い世代に向けて、敵意と憎悪を越えて共に生きることを学んで欲しいというメッセージを送っています。ハンブルクの教会の事例は、このメッセージを受けてから約四〇年の間に推し進められた新しい想起の文化をめぐる議論と実践と同時に、さらなる新しい四〇年に向けて転換期を迎えるドイツ社会に一つの展望を示しています。それは忘却ではなく対話的想起を求めるということです。警告碑聖ニコライという戦争遺構では、この想起が十字架の上で苦しむイエス・キリストの像の前で営まれています。犠牲者一人ひとりの苦しみに寄り添うイエス・キリストを通して、戦争と暴力の犠牲者一人ひとりの記憶が大切にされていきます。警告碑聖ニコライで、そして世界各地で祈られるコヴェントリーの和解の祈りもまた、キリストを通して働く神との関係性の中で分断を越える和解と共生への転換を願い求めています。

戦争は一度起こってしまうと、取り返しのつかない大災害をもたらすことを歴史は教えています。本講演が行われた二〇二二年二月二一日の三日後にロシアによるウクライナ侵攻がはじまり、日に日に事態は深刻さを増しています。したがって、私たちは、相変わらず戦争を起こさないためにできる限りの努力をしなければならないことを改めて確認したいと思います。かつて敵対し合った国々に残る戦災遺構となった警告碑聖ニコライとコヴェントリーの教会の間で、国境を越えて和解と平和を求めるエキュメニカルな共同体の形成が実践されていることに希望があります。和解の働きを使命とするキリスト教会が、どこまでその連帯を広げていくことができるのかが問われているでしょう。現在進行形の戦争を前にして、その道のりは荒れ野の四〇年どころではないかもしれません。しかし、それが和解と平和への道のりであるならば、その道を進むしかありません。

今回は詳しく紹介することができなかったドイツの首都ベルリンにある戦災遺構としてのカイザー・ヴィルヘルム記念教会も、警告碑聖ニコライと同様、コヴェントリーの釘の十字架共同体に属しています。マルクス・ドレーゲ、ベルリン＝ブランデンブルク＝シュレージエン・オーバーラウジッツ福音主義教会監督は、二〇一六年一二月にカイザー・ヴィルヘルム記念教会前で暴力の犠牲者となった人々を追悼する礼拝の中で次のように述べています。「この教会は警告碑です。この教会は、人間がその憎しみを野放しにして、暴力の道を最後まで行くなら、何が起こるのかを示しています」。そして、コヴェントリーの釘の十字架に言及して次のように語っています[43]。「カイザー・ヴィルヘルム記念教会は、世界的な釘の十字架共同体の一部であり、こうして和解と平和のために身を捧げています。この教会は、戦争と暴力を前にして、和解と平和によって答えることを自らの課題としました。（中略）そして、この教会は、和解の力が憎しみより強いことを誤りなく証言するでしょう」[44]。戦災遺構、そして警告碑としての教会の中から争いの絶えない現代へ語りかけられた慰めと希望のメッセージです。ドレーゲ監督が指摘しているように、教会が和解と平和によって答えることを自らの課題とするために、私たちは人間がその憎しみを野放しにしたら何が起こるのかを示す歴史の警告を今改めてしっかりと心に刻む必要があるのではないでしょうか。二度と起こさないために。

コヴェントリーの和解の祈り㊺

司式者　「人は皆、罪を犯して神の栄光を受けられなくなっています」（ローマ三・二五）。
司式者　国籍や人種によって、また階級によって人と人とを分断する憎しみを、
一　同　父よ、赦してください。（または、「神よ、赦してください」。以下同様）
司式者　自分たちのものではないものを自分たちのものにしようとする諸国の民の貪欲さを、
一　同　父よ、赦してください。
司式者　人々の労働を悪用し、地球を荒廃させる貪欲さを、
一　同　父よ、赦してください。
司式者　人々の安寧と幸せに向けられた私たちの嫉妬を、
一　同　父よ、赦してください。
司式者　牢に入れられている人々、居場所のない人々、避難している人々の窮状に対する私たちの無関心を、
一　同　父よ、赦してください。
司式者　女性たちの、子供たちの、そしてすべての人間の尊厳を奪おうとする欲望を、

一同　父よ、赦してください。
司式者　神に信頼するのではなく、自分たちにのみ依り頼もうとする高慢さを、
一同　父よ、赦してください。
司式者「互いに親切にし、憐みの心で接し、神がキリストによってあなたがたを赦してくださったように、赦し合いなさい」（エフェソ四・三二）
一同　アーメン

注

（1）本稿に掲載された写真は、すべて二〇一八年に現地で著者が撮影したものである。
（2）Stolpersteine のホームページ参照、https://www.stolpersteine.eu/fileadmin/pdfs/Steps_STOLPERSTEINE_2022_01.pdf(2022/05/30 アクセス)。
（3）アライダ・アスマン『想起の文化――忘却から対話へ』岩波書店、二〇一九年、二二〇頁参照。
（4）ここでは、東日本大震災の文脈で死者の記憶を多角的に考察したゼミ論集として本セミナーの主題講演者の一人、金菱清（ゼミナール）編『呼び覚まされる霊性の震災学――3.11 生と死のはざまで』新曜社、二〇一六年、特に第二章、菅原優「生ける死者の記憶を抱く――追悼／教訓を侵犯する慰霊塔」を紹介しておく。
（5）四類型の詳細については、アライダ・アスマン、前掲書、一九五―二一七頁参照。
（6）「警告碑聖ニコライ」については、公式ホームページを参照、https://www.mahnmal-st-nikolai.de/(2022/02/10)。会堂がハンブルク市の所有地にまたがっているため、教会と市が共同で管理するという特殊な事情があることを付記しておく。
（7）Förderkreis Mahnmal St. Nikolai e.V. (Hrsg.), Gomorrha 1943. Die Zerstörung Hamburgs im

Luftkrieg, Hamburg 2013（以下，Gomorrha 1943と略記）.

（8）Malte Thießen, Gomorrha im Gedächtnis der Stadt. Hamburgs Erinnerungen an den Luftkrieg 1943 bis 2013, in: Gomorrha 1943, S.91-105. 以下、「ティーセン」と略記し、本文で用いた引用はすべて私訳である。

（9）ティーセン、同上、九一頁。

（10）ティーセン、同上、九二頁。

（11）ティーセンからの引用、同上、九四頁。

（12）同上。

（13）ティーセンからの引用、同上、九六頁。

（14）ティーセンからの引用、同上、九七頁。

（15）ティーセンからの引用、同上、九八頁。

（16）同上。

（17）ティーセンからの引用、九九頁。

（18）ティーセンからの引用、同上。

（19）同上、一〇〇頁。

（20）同上、一〇〇—一〇一頁参照。

（21）ティーセン、同上、一〇一頁。

（22）同上、一〇二頁。

（23）同上、一〇二—一〇三頁。

（24）同上、一〇三頁。

（25）原爆ドームに関連させて歴史化と科学化について考察したものとして、アンリ・ピエール・ジュディが「カタストロフィの記憶」について述べたものがある。荻野昌弘編『文化遺産の社会学　ルーヴル美術館から原爆ドームまで』新曜社、二〇〇二年、特に第三章「戦争と死者の記憶」、七一—九〇頁参照。

（26）ティーセン、一〇三頁。
（27）ティーセン、一〇四頁。
（28）ベルリン市のホームページ参照、https://www.berlin.de/sehenswuerdigkeiten/3561353-3558930-neue-wache.html（2022/05/23 アクセス）。
（29）ウルリヒ・リュックリーム「神殿」（一九八四年設置）は会堂の外に位置するため、ここでは扱わない。
（30）聖ニコライ教会ホームページからの引用の私訳、https://www.hauptkirche-stnikolai.de/kirche/kirche-am-klosterstern/kirche-und-ausstattung （2022/02/03 アクセス）
（31）同上、参照。
（32）ただし、ボンヘッファーのどの著作からの引用かは確認できていない。
（33）常設展についての紹介は、Dörte Huß, Die Dauerausstellung im Mahnmal St. Nikolai. Ein Wegweiser, in: Gomorrha 1943, S.119-13、及び、筆者自身の訪問に基づいている。
（34）開催期間：二〇一八年七月二〇日〜九月二九日（七月二三日に訪問）。
（35）Vgl., Detlef Garbe, Doppelt betroffene Opfer der NS-Verfolgung und der „Operation Gomorrha“: Das Leiden der ausländischen Zwangsarbeiter und der Einsatz von KZ-Häftlingen bei den Bergung- und Aufräumungsarbeiten, in: Gomorrha 1943, 六八頁。
（36）同上、六八頁。
（37）コヴェントリーの釘の十字架とその共同体については、Oliver Schuegraf, Vergebt einander, wie Gott euch vergeben hat. Coventry und die weltweite Nagelkreuzgemeinschaft, Frankfurt am Main, 2008 を参照。
（38）釘の十字架共同体のホームページ参照、https://nagelkreuz.org/nkg-deutschland/portfolio（2022/02/12 アクセス）。
（39）北ドイツ福音主義ルター派教会ホームページ参照、https://www.nordkirche.de/nachrichten/

nachrichten-detail/nachricht/bischoefin-kirsten-fehrs-gedenkt-der-opfer-der-luftangriffe-auf-hamburg（2022/02/12 アクセス）。

(40) これは、カウフマンが「ルターとユダヤ人問題」に関連して歴史化の態度について述べていることに示唆を与えられている。Vgl. Thomas Kaufmann, Luthers „Judenschriften". Ein Beitrag zu ihrer historischen Kontextualisierung, 2.Aufl., Tübingen 2013（1.Aufl. 2011）, 三頁。

(41) アスマン、同上、二〇四頁。

(42) リヒャルト・フォン・ヴァイツゼッカー『新版 荒れ野の四〇年――ヴァイツゼッカー大統領ドイツ終戦四〇周年記念演説』岩波書店、二〇〇九年、一一頁。

(43) 二〇一六年一二月一九日にカイザー・ヴィルヘルム記念教会前の広場で行われていたクリスマスマーケットの会場に大型のトラックが突入し、一二人が亡くなり、多くの人が負傷した（後日イスラム国が犯行声明を出した）事件の翌日に行われた追悼礼拝で語られたメッセージからの引用。https://www.evangelisch.de/inhalte/140878/21-12-2016/ansprache-markus-droege-im-trauergottesdienst-fuer-die-opfer-des-anschlages-auf-den-weihnachtsmarkt（2022/02/213 アクセス）に掲載されたドイツ語からの私訳。

(44) 同上。

(45) ドイツの「釘の十字架共同体」が公開している英語とドイツ語訳を参照して本稿の著者が翻訳し、「司式者」と「一同」の見出し及び最後の「一同：アーメン」を加えた。https://nagelkreuz.org/wp-content/uploads/2017/05/versoehnungslitanei-von-coventry-deutsch-englisch.pdf（2022/03/15 アクセス）。聖書箇所は、聖書協会新共同訳を用いた。なお、一同で唱える「父よ」という呼びかけの言葉を「神よ」に変えることも可能であると考える。いずれにしても、イエスの祈りの精神において「汝なる神」に全面的に信頼して呼びかけ、祈るという内実が大切であると考える。

現場報告

災害支援を通して

日下部遣志

日下部遣志（くさかべ・けんじ）
1971 年生まれ。高校 1 年まで大分県・玖珠町で過ごす。1995 年、関西学院大学大学院神学研究科博士課程前期課程修了。日本基督教団西宮公同教会担任教師、田川教会主任担任教師を経て、現在、川内教会主任担任教師、認定こども園のぞみ幼稚園園長。2019 年より日本基督教団九州教区総会議長。

Ⅰ　最初の被災体験

川内教会牧師の日下部遺志です。九州教区で現在、教区総会議長を務めています。今回は、特に二〇一六年四月に起きた熊本・大分地震での取り組みからお話しさせて頂きます。

自然災害と初めて向き合ったのは、大学院卒業間近の一九九五年一月一七日、阪神大震災でした。電気は当日回復しましたが、水とガスは二カ月余り復旧しませんでした。当時、婚約中だった戸田奈都子が住んでいた二階建文化住宅は倒壊寸前となり、着の身着のまま窓から逃げ出し無事でした。そのように被災した後輩たちが、私と弟が住むマンションに次々とやってきました。しかし食べものなどありません。そんな中、神学部同期生の原和人さん（札幌手稲教会）が、南大阪教会の方々によるおにぎりと飲み物一箱を届けてくれました。これは大変大きな出来事となりました。後輩たちと分け合いながら、とにかく早く動くことが被災者たちの励みになる、その大切さを実感したのです。

その後、教区・教団の救援活動のお手伝いをしました。原付バイクで西宮から神戸方面へ救援物資を運ぶのですが、以前神学生として通った教会に立ち寄ると、物が散乱する教会で牧師夫妻は呆然とされていました。甚大な被害を受けた教会の牧師にとって、被害の把握や教会員の安否確認に追われ、自分たちのことは後回しです。少しばかり片付けのお手伝いをして先に進みましたが、牧師のケアも必要だと思わされました。

卒業後の四月から担任教師として働いたのが、被災地にある西宮公同教会でした。教会にはボランティアセンターが設置されていて、たくさんのボランティアと共に仮設住宅を頻繁に回り、餅つきなどを行って被災者支援を行いました。社会から取り残され孤立感を深める中で、被災者を励まし続けていく貴重な体験となりました。

Ⅱ　九州教区へ

一九九八年、大学院を卒業して教師となった戸田と二人で田川教会に赴任しました。そこで学んだのは、七県一〇地区にまたがる九州教区の宣教への姿勢です。広いからこそつながりと交わりを大事にします。地区や教区の集まりに出かけると様々な出会いがあります。そんな交わりが大変楽しく、お互いに助け合い支えあいながら歩む教区であると学びました。違いを認めつつ、先輩牧師信徒達が苦労して作りあげてきた九州の宣教の姿なのです。そしてそれが緊急の災害時に欠かせないことでもあるのです。

九州は地震よりも台風などによる土砂災害が頻発してきました。最近でも「九州北部豪雨」（二〇一七年七月）、「西日本豪雨」（二〇一八年六月）などです。これらの水害では、超教派による九州キリスト教災害センター（九キ災）の救援活動に派遣補助を行いました。二〇二〇年七月に起きた豪雨災害では、熊本県芦北町の隠退教師宅、長崎県大村市の大村教会員宅が浸水被害を受けたため、それぞれの地区で協力して復旧作業に当たりました。

Ⅲ　熊本・大分地震

1　前震と本震

熊本・大分地震の特徴は前震と本震があり、その後も揺れ続けたことです。二〇一六年四月一四日夜に前震が発生。その時点で大きな被害はありませんでしたが、つれあいに「すぐに様子を見に行った方がいい」と促されて、翌日、車に水を積み熊本に向かいました。原和人さんがおにぎりを届けてくれたことを思い出しながらの道中でした。熊本市内の教会を訪問し、お見舞いの水を届けました。その後、教団から災害担当幹事が来られたため、当時副議長だった私と教区書記と三人で合流し、郊外の温泉宿に泊まることになりました。M七・三、震度七の本震はその未明に起きました。人生二度目の震度七の揺れでした。地の底から突き動かされるような揺れでした。翌朝から熊本の状況は一変します。店頭からは食料品が消え、水道もストップしたのです。前日に配っていた水が大変貴重なものとなりました。

2　九州教区「救援対策本部」設置

一六日（土）、梅崎浩二議長（当時）と熊本草葉町教会で合流し、救援対策本部設置を決定しました。本部長に梅崎議長、メンバーは教区三役及び職員とし、以下の活動方針を決定しました。

①被災教会・教職・教会員の救援を第一の課題とする。

②前項を手がかりとして地域支援の方途を探り、可能の事柄より漸進的に実施する。
③益城町への支援については、時期を見て熊本ＹＭＣＡとの連携を図る。
④被災現地の現況と教区の力量に鑑み、混乱を避ける為、当面、教区外に物的・人的支援を求めない。
⑤「熊本地震救援募金」を早急に開始し、教区内外に訴える。

3　救援活動開始

まず被害状況の把握に努めました。各教会を訪ね、現地で被災状況を確認しました。その後は救援物資の運搬です。まず武蔵ヶ丘教会（熊本市北区）を現地拠点と定め、一週間余りにわたり、福岡、長崎、鹿児島方面から、交通事情の悪い中、様々な救援物資を運びました。川内からでも通常三時間で移動できるところを、その倍以上の時間が必要でした。

この地震は広範囲に及びました。夜中の本震後、大分県中部でも本震に匹敵する地震が起こり、別府から湯布院、阿蘇方面にかけての教会が被害を受けました。その後も大分から熊本にかけてのライン上で揺れが頻発し、そのためこの地震を熊本・大分地震と呼ぶのですが、当初の活動は熊本に集中しました。余震は一カ月間に一五〇〇回余りを記録し、震度五以上は二七回にも及びます。そのため被災者の方々は、揺れ続ける恐怖と疲労でくたくたです。家の中に居られず、公園などでのテント泊、車中泊で溢れました。

被災した牧師たちも当然疲労困憊です。ある教会では床に聖書や讃美歌が散乱したままでした。

それを拾って棚に戻そうとすると、牧師は「そのままでいいです。何度片付けてもまた落ちますから」と言われました。何度片付けてもまた揺れて落ちる。そんな繰り返しだったのです。数日後、私と戸田が武蔵ヶ丘教会に到着すると、台所は食器棚から落ちた食器類が割れて散乱した状態でした。牧師は届いた救援物資を地域の方々に届け続けてそれどころではありません。あの神戸の教会での片付けを思い出しながら、二人で片付けをしました。

活動方針にある通り、教区外に人的・物的支援を求なかったことは有効でした。もし教区外から一斉にボランティアと救援物資が押し寄せていたら、それに対応しきれなかったでしょう。現地の牧師たちにも大きな負担となります。実際、問い合わせの電話対応だけで大変な牧師もいました。一方、どうして受け入れないのかとお叱りも受けました。教区としては、とにかく現地の牧師たちを守り、働きを支えることを第一としたのです。

4　救援募金

先の方針に従い、直後より教区独自の募金を開始しました。短期間に全国から数千万円が寄せられ、大変励まされました。教区は、まず被災教会に、そして全壊・半壊の各教会員に見舞金を支給しました。また、現地スタッフを選任し、熊本地区、大分地区での地域支援の働きをバックアップしていきました。

また、数カ月経って落ち着きを見せた頃、牧師家族の保養プログラムを実施しました。被災した牧師とその家族が被災地を離れて休暇を取る時の支援金をお渡ししました。

5 被災度区分判定と教団募金

物資等を運ぶ救援活動は二週間ほどで落ち着きつつありました。次の課題は建物です。専門家による診断が不可欠と判断し、福岡のヴォーリス建築事務所と「被災度区分判定」実施を契約しました。五月から六月にかけ、構造の専門家が被災教会を回って被害状況を調査し、必要な補強工事の概算が算出されました。これは被災教会にとって安心材料となりました。あの状況下、教会独自に専門業者を見つけるだけでも大変です。地震から二カ月の間に、全ての教会の調査が終了し、次に向かうことができました。

被災度区分判定は、軽微、小破、中破などに分類され、各教会の復旧工事費用が算出されました。その総額は一億八千万円でした。教区は教団に対して全国募金実施を要請し、八月末に臨時常議員会が招集されました。注目点は二点。一つは東日本大震災に倣い半額支給／半額返済とするか、もう一点は在日大韓基督教会も対象とするか、でした。議論は白熱し、一旦休憩に入り、教団四役と教区三役が別室で協議しました。教区は経済的基盤を鑑み全額支給しかないこと、そして在日大韓基督教会も宣教協約で結ばれ共に歩んできた仲間の教会であることを強く訴えました。議事再開の後、石橋秀雄教団議長は九州教区の希望に沿った再提案を行い「熊本・大分地震被災教会会堂等再建募金」実施が賛成多数で可決されました。教団がそのような姿勢を示して下さったことを本当に嬉しく思い、励まされる思いでした。

こうして被災現地の教会、牧師達の働きを教区が全面的に支援し、教団は、その教会、教区の働きを側面から支援する形が具体化されました。この全国募金は一億五千万円余りに及び、被災した建物の回復という課題は全て成し遂げられました。新築した教会が三教会、後は耐震補強工事や、修繕が行われました。

6　ボランティアセンター・エルピスくまもと設置

救援対策本部方針の②と③が形となったのが「エルピスくまもと」です。熊本ＹＭＣＡが運営委託されていた熊本県御船町の避難所でのカフェ活動が始まりでした。「エルピスくまもと」は、在日大韓基督教会と九州教区の共同設置によるもので、運営委員長は日下部、現地センター長は金聖孝牧師（在日大韓基督教会熊本教会）です。週に二度、避難所閉鎖後の仮設住宅を回り、コーヒーやお菓子を提供し、革細工やアイロンビーズなどのお楽しみを準備しました。そこではゆっくりした時間が流れ、被災者のお話に耳を傾けたり、必要に応じて、引っ越し作業のお手伝いなども行いました。現地スタッフのみならず、九州各地から牧師たちがボランティアに駆けつけました。またクリスマス会を実施し、牧師たちは趣向を凝らしてイエス誕生について語り、希望（エルピス）を分かち合うクリスマスとなりました。

息長く被災者に寄り添う方針で三年半続きましたが、新型コロナウイルス感染症の影響を受け、カフェ活動は二〇二〇年三月、休止となりました。しかしエルピスは閉鎖していません。今後、九州で大きな自然災害が起こった時に、被災者支援の働きを担う器が必ず必要です。これまでのノウハウを生かしつつ、被災者に寄り添う働きができればと願っています。

Ⅳ 震災の経験を通して

先述の通り、九州で学んだのは、近隣の教会、地区内の教会が日常的に親しく交わっていることです。これは広域に点在する教会が、孤立しないよう声を掛け合ってきた歴史ですし、何かあれば協力しあう関係が保たれてきたからです。いざ災害が起こった時などにこれが生きるのです。日頃から、近くの教会、地区の教会、教区の教会が互いに信頼し顔の見える関係を作っておくことが災害に対する備えでもあります。

教会と地域との関わりも同様です。教会がいつも閉じていて、誰がいるのか、どんな人が集っているのかが見えていなければ、災害時に地域への奉仕などと言っても受け入れてはもらえません。自然災害時、教会に頼れば何とかなるという地域からの信頼を得ていく為に、普段から顔と顔を合わせた付き合いや声かけが求められているのです。地震後、被災教会をお訪ねすると、近所の方々が避難している教会が複数ありました。揺れ続ける恐怖の中で、それに寄り添い世話をする牧師家族の姿。日頃から、親しい関係が見えてくる、あたたかな姿でした。

教区としては、被災教会に寄り添うことの大切さを学びました。教区三役で何度となく被災教会をお訪ねし、状況を伺いました。中には補強工事か、新築かの判断に悩み、教会内での意見調整に随分と苦労した牧師もいました。そんな教会を何度もお訪ねし、再建までの状況を伺い、その業を励まし、共に祈ることで教区と被災教会が互いに信頼を積み重ねていきました。今後も、そんな関係を大事にしていきたいと思います。地震とその後の再建の業を通して、教区がどのような姿勢で歩もうとしているかを教区の諸教会は見てきました。もちろん、教区の中には意見の違いはあるわけですが、以前のような激しい対立ではなく、信頼の上で対話できるようになってきたように思います。物質的な備えのみならず、教会同士、教会と地域がそれぞれに日頃からの交わりを形作っておくこと。そんな備えが大事なことだと思わされています。

現場報告

分ち合う共同体を目指して

教会こども食堂とフードバンクの働き

森分 望

森分 望（もりわけ・のぞみ）
関西学院大学神学部卒業。日本基督教団八幡浜教会牧師・学校法人コイナ会八幡浜幼稚園理事長・宗教主事を経て 2013 年より日本基督教団三津教会牧師として現在に至る。教会こども食堂代表・えひめフードバンク愛顔事務局代表。

教会こども食堂に至る原風景

私は愛媛県松山市にあります日本基督教団三津教会の牧師で、教会こども食堂代表、えひめフードバンク愛顔中予事務局の事務局代表をしています。出身は、愛媛県の八幡浜市です。父は牧師で、八幡浜教会で働いていました。赴任当時の初任給は三万円ぐらいだったそうです。現在の金額に直すと一二万円ぐらいになりますから、随分苦しかったと思います。その上、父は昔ながらの牧師で、教会に来られた方や困った方がいるといつも牧師館の食卓に招いていました。ですからDVやネグレクト、性暴力の被害など様々な問題を抱えた方が一緒に生活することも多く、常に大人数で食卓を囲んでいましたので、経済的に困ることもありました。それでも私が子どもの頃の生活では、本当に飢えるようなことはありませんでした。教会や地域の共同体が密で仲が良く、教会や地域の共同体の中で温かく守られ、豊かに収穫したもの、美味しくできた一品を分け合って生活してきました。

共同体とはギリシャ語で「コイノニア」と言います。「コイノニア」とは神を中心とした交わり、共有という意味があります。教会と地域の中の交わりと共有の生活。このような経験がこども食堂を始める大切な原風景になってます。

教会こども食堂を始めるきっかけ

私は、一〇年ほど母教会で主任担任教師として仕え、二〇一三年に三津教会に赴任しました。愛媛県の松山市にある教会です。三津教会は今年で、創立一〇四周年を迎えました。教会には、今の活動を支える教会の歴史があります。一九三〇年、宣教師や牧師が協力して信徒のお宅で愛隣保育園が開設されました。当時を知る教会員は、保育園といっても保育というようなものではなかったと言います。当時、多くの人が生活の余裕がなく、子どもたちは、お腹を空かせ、ドロドロの服を着ていました。そのような子どもたちを集めて、家に帰るまでに手でごしごしと服や体を洗って、食事を食べさせるという大変な毎日だったそうです。教会員は保育園の職員として保育をしたり、給食を作ったりして働きました。後に関係施設として始められた老人ホームでも、介護や施設の職員として働いていたという経験を持つ方がたくさんいる教会です。

二〇一三年、教会こども食堂を始めるあるきっかけとなる事がありました。知的障がいを持っている方がトラブルに遭って首を吊って死のうとしたところ、ヒモが切れて海に落ちてしまいました。その後その方は、生活に困ってお腹がペコペコで教会に来ました。それから毎週の礼拝や聖書研究会、祈り会にも出席されるようになりました。けれども本人はいつも困った顔をされていました。いくら祈り聖書の話を聞いてもお腹がすいて仕方なかったのです。

牧師が個人的におにぎりを握ったり、カレーを用意したりして食べていましたが、この時、教会としては長い間対応ができずにいました。教会はこのままでいいのか、どんな教会でありたいかという話し合いが始まりました。聖書には「わたしの兄弟たち、自分は信仰を持っていると言う者がいても、行いが伴わなければ、何の役に立つでしょうか」（ヤコブ二・一四）とあります。どんなに良いことを言っても、着るものがなくその日食べるものがない人のために何一つ行わないなら、信仰は何の役に立つのかと書かれています。福音とはどういうことなのか。イエスが人々に神について話された時、ただ良いことを言ったというのではなく、救いの実感や愛の体験とともに福音が訪れたのではなかったでしょうか。

改めて教会と教会の周りを見回してみますと、教会のすぐご近所の方の孤独死がありました。教会でも高齢者は孤独でしたし、孤食でした。シングルマザーで社会的に孤立している方もおられました。共働きの世帯でもこどもたちは孤独だったり、孤食だったり、交流がない現状がありました。二〇一三年の時点で、もうすでに子どもたちの貧困について叫ばれていました。みんながほっとする場であることを願って、六年の話し合いと試行錯誤の末、こども食堂をしようということになりました。

教会こども食堂とフードバンクの働き

さて、こども食堂はみなさんの近くにもたくさんあるのではないかと思いますが、二〇二一年十一月の時点で日本全国に六〇一四カ所のこども食堂があるそうです。こどもが一人でも行ける無料または低額な食堂で、子どもたちを見守り、地域の交流の拠点になることを目指しています。コロナ禍になり、活動休止の食堂もある中、多くの食堂が現在でも食材配布やお弁当配布など工夫して継続しています。愛媛にも八二のこども食堂があるそうです。

私たちのこども食堂の開店は二〇一九年一月で、初めの一年は一〇〇名ぐらいの方と一緒に会堂で食卓を囲み、賑やかに過ごしていました。私たちの教会こども食堂の願いは、地域の子どもたちの健やかな成長を見守ること、さまざまな違いを超えて地域と教会がつながっていくこと、そして地域の方々がつながっていくことです。こども食堂を始める時に、教会の役員が「共に食べることは、共に生きることだ」と言いました。その言葉が今になって胸に響いています。赤ちゃんからお年寄りまで、誰でも歓迎の食堂です。

見えにくい日本の貧困

日本でも身近に貧困があると言われても、周りにそんな人はいないと思う方もいるかもしれません。教会こども食堂でも開店して一年ぐらいは、どのような方がおられるのか分かりませんでしたが、二〇二〇年のコロナ禍で困窮の現状が明らかになってきました。こども食堂にも「ずっとお米を食べていない」「子どもたちを抱えて今日、明日がどうにもならない。助けてほしい」「何十キロも歩いてようやくフードバンクをしている教会に辿り着いた」という声が届くようになりました。日本の貧困は見えにくい貧困と言われています。貧困と言えば、私たちはボロボロの服を着て、栄養失調のためお腹が膨れている途上国の子どもたちの貧困を想像しますが、それは絶対的貧困といって最低限の生活を維持することが困難な状況を言います。それとは別に、その国の生活水準よりも著しく困窮した状態のことを相対的貧困と言います。最近の様々な統計では日本の子どもたちの六人に一人が相対的貧困にあるとも言われています。憲法二五条には「すべての国民が健康で文化的な最低限度の生活を営む権利がある」と記されていますが、この権利が保障されているとは言えない状況に心を痛めています。

一方で、日本の大量の食品ロスが問題になっています。少し古い資料ですが、日本でまだ食べられるのに廃棄される食品は年間六一二万トンといわれています。これは世界の食糧支援の二倍近い量になります。教会こども食堂の食糧支援は二〇二〇年五月、感染症が広がる中、これからさらに食べられない人が増えるのではないかと考えて、フードバンクの設立を目指してご近所のお寺と共同してフードドライブを開始したことが始まりです。それでもフードドライブでは必要な食糧が集まらず、二〇二〇年一二月にＮＰＯ法人と連携してフードバンク事業を立ち上げることになりました。

これらの決断をする時にいつも教会で行ってきたのが、教会と教会の周りの現実、そして一緒に生きている社会の現実をよく見て、教会はどうするか聖書に聴くということです。旧約聖書のヨセフの物語で、ヨセフがファラオの夢を解いて豊作の後に来る飢饉に備えたように、これから本当に苦しい人が増えるなら私たちの蔵を米でいっぱいにしようと話し合いました。また、イエスは弟子たちに、「あなたがたが彼らに食べる物を与えなさい」（マタイ一四・一六）と言われています。私たちも少しずつ小さな力を持ち寄って、イエスが人々にしてくださったように、一緒に生きている周りの人たちと向き合い共に生きる、そのような教会でありたいという決断を持ってこども食堂の活動が始められています。このコロナの災害の中で教会はどう働き、宣教をどのように考えるのかということを考えています。

現在、教会こども食堂のフードバンク事業は、多くの団体と連携し、年間一〇トン以上の食糧を一八の子ども食堂、一二の福祉施設等に届けています。様々な団体から協力が得られる要因の一つに、二〇一五年に一九三の国連加盟国により採択されたSDGsの取り組みがあります。二〇三〇年までに持続可能でより良い世界を目指すための世界共通の目標、「誰一人取り残さない社会の実現」ということに社会全体が取り組もうとしています。教会こども食堂やフードバンク活動はこのSDGsの取り組みと親和性もあり、協働して目標を目指しています。

「災害とキリスト教」——いのちと尊厳を守る教会として

「境界線、教会線はどこ？」と書きました。私自身さまざまな災害を経験し、支援に携わる中で、災害時に教会や教会の建物だけが守られればいいのか、あるいは牧師や教会員だけが守られればいいのかということについてしばしば考えることがありました。教会の中にとどまらないイエスの福音のあり方を考える時、このコロナ禍、災害の中で、私たちの教会はどうあるべきか問われているのではないかと思います。

全ての造られた者に福音を宣べ伝えなさいとのイエスの言葉に従い、みんなで生きること、そして祈りをもって仕え、神の愛を届けていきたいと願っています。そしてさまざまな違いを超えて、教会と社会の多くの人と協働して、助け合う社会の実現のために教会が働く。あるいは宗教を超えた協力を行っていく。この災害時、いのちの危機、子どもたちと多くの人が苦しんでいる時に、どうあるかを考えた教会の決断がここにあります。

五四年度版讃美歌四五四番に「うるわしき朝も」という讃美歌があります。この讃美歌を三津教会のお年寄りはとても愛しています。「うるわしき朝も　静かなる夜も　食べもの着物を　くださる神さま」。初めにこの歌詞を聴いた時は、なんてシビアな讃美歌なのだろうと思いましたが、今は、これが戦前戦後の苦しい時代を生き、子どもたちのために働いてきた教会の方々の実感だったのだろうと感じています。いのちと尊厳が大切にされ、守られ、温かいイエスの愛に根付いた教会であることを願って活動しています。

あとがき

関西学院大学神学部・第五六回神学セミナーは、二〇二二年二月二十一日（月）、関西学院大学西宮上ケ原キャンパスＦ号館二〇三教室を会場に開催されました。開催形式は対面・オンライン配信のハイブリッドで、対面参加が三六名、オンライン参加が四三名の計七九名でした。

本セミナーは新型コロナウイルス感染症拡大から一年が経過した時点で開催された前回の第五五回（二〇二一年二月十八日）より、対面・オンラインライブ配信併用のハイブリッド形式で行っています。予算が限られていることから、ライブ配信の準備や運用を専門の技術者にお願いすることはできません。毎回、職員・学生・教員の知恵を寄せ集めて何とかしていますが、対面のみであったそれ以前には参加が難しかったと思われる東北・九州などからもオンライン参加して下さる方々がいることをとても嬉しく思います。

今回はコロナ禍を含め、毎年のように続く大規模な災害についてさまざまな角度から取り組むことにしました。宗教的観点から災害をどう考えるかということについては、東日本大震災における宗教的事象を社会学的に扱った『呼び覚まされる霊性の震災学』（新曜社、二〇一六年）が有名です。この著者の金菱清先生が二〇二〇年に関西学院大学社会学部に着任されていたのは大きな恵みでした。ご講演では同書に対する宗教関係者からの反響などもお話しいただき、多くのことを学ばせていただきました。

神学講演の一人目として、二〇二一年度より神学部に着任された芦名定道教授にご登壇いただきました。環境問題や哲学等のさまざまな知見から教会の現場までつながれた学際的かつ深遠なご講演をいただき感謝です。

小田部進一教授には前年度に引き続きご講演いただきました。今回はご自身が取材されたハンブルク大空襲の「記憶」がどのようにドイツで表現されているかについて、豊富な写真資料をもとにお話しいただきました。このブックレットの表紙写真も小田部先生が撮影されたものです。

現場報告として、鹿児島県川内《せんだい》市・川内教会の日下部遺志牧師には、関学神学部の学生時代に阪神・淡路大震災で被災された経験を初め、現在おられる九州において相次ぐ豪雨や地震による災害に際しての活動を詳しくご紹介いただきました。また愛媛県松山市・三津教会の森分望牧師には、運営されている教会こども食堂やフードバンクの現状について、コロナ禍で思うようにできない中での地道な活動について、現地からリモートでお話しいただきました。

ハイブリッドセミナー開催には技術面その他の管理運営のために多くの方々のご協力が不可欠でした。神学部助教・宗教センター宗教主事の井上智先生には昨年に引き続き実質的なディレクターとしてご助力いただきました。またセミナー開催時の神学部補佐室・教務補佐（西嶋優さん、伊藤遙香さん、吉田麻理さん、小坂藤乃さん）、教学補佐および神学研究科院生の皆さんの働きがなければこのセミナーはできませんでした。この場を借りて心より感謝申し上げます。

二〇二一年度　関西学院大学神学部学外講座委員会

関西学院大学　神学部・神学研究科

多様な宣教の課題に奉仕する力を身につける

関西学院大学神学部は、伝道者を育成するという目的で、1889年、関西学院創立とともに開設された歴史ある学部です。キリスト教の教会や文化の伝統を学びつつも、それを批判的に検証する力も養います。神学的視点から現代の人間や社会の課題にアプローチすることも教育の課題です。また、実践的なカリキュラムを通して伝道者としての深い専門知識とスキルを身につけることができます。

Point1　豊かな人間性と高い教養をはぐくむ基礎教育やチャペルを重視

Point2　高度な専門研究と広範な学際研究で「人間」や「社会」にアプローチ

Point3　現代の課題に対応した多彩なカリキュラムと徹底した少人数教育

Point4　フィールドワーク・演習授業を通して社会と教会に仕える人材の育成

Point5　総合大学ならではのメリットを生かした幅広い学びが可能

〒662-8501　兵庫県西宮市上ケ原一番町 1-155　Tel. 0798-54-6200
Home Page　関西学院大学　https://www.kwansei.ac.jp
関西学院大学神学部　https://www.kwansei.ac.jp/s_theology/
Facebook　https://www.facebook.com/KGtheologica/
Instagram　https://www.instagram.com/kgtheologica/

関西学院大学神学部ブックレット15
災害とキリスト教
第56回神学セミナー

2023年2月1日　第1版第1刷発行

編　者　関西学院大学神学部
著　者　金菱 清、芦名定道、小田部進一、日下部遺志、森分 望
発行所　株式会社　キリスト新聞社
〒162-0814 東京都新宿区新小川町 9-1
電話 03(5579)2432
URL. http://www.kirishin.com
E-Mail. support@kirishin.com
印刷所　モリモト印刷

ISBN978-4-87395-817-0　C0016（日キ販）
Printed in Japan